父母话术指导 | 行动篇

时光学教育研究中心　编

海豚出版社
DOLPHIN BOOKS
CICG
中国国际传播集团

图书在版编目（CIP）数据

父母话术指导．行动篇 / 时光学教育研究中心编
．-- 北京：海豚出版社，2023.8
ISBN 978-7-5110-6531-5

Ⅰ．①父… Ⅱ．①时… Ⅲ．①家庭教育—语言艺术
Ⅳ．① G78

中国国家版本馆 CIP 数据核字 (2023) 第 146471 号

父母话术指导　行动篇
时光学教育研究中心　编

出　版　人：王　磊
责任编辑：张　镛　白银辉
装帧设计：李　伟　薛丽娜
责任印制：于浩杰　蔡　丽
法律顾问：中咨律师事务所　殷斌律师
出　　　版：海豚出版社
地　　　址：北京市西城区百万庄大街 24 号
邮　　　编：100037
电　　　话：010-68996147（总编室）　010-68325006（销售）
印　　　刷：湖南锦泰数字印刷有限公司
经　　　销：新华书店及网络书店
开　　　本：880mm × 1230mm　1/32
印　　　张：7.5（全 2 册）
字　　　数：135 千（全 2 册）
版　　　次：2023 年 8 月第 1 版　2023 年 8 月第 1 次印刷
标准书号：ISBN 978-7-5110-6531-5
定　　　价：46.80 元（全 2 册）

目录

第一章 辅导作业，鸡飞狗跳

第二章 起床困难，出门事多

第三章 日常生活，问题百出

第四章 老师来电，情绪崩溃

第五章 表现优异，回应不当

第六章 日常社交，麻烦不断

第七章 接娃放学，提问无方

第八章 出门游玩，沟通不畅

父母行动指南

在正确的教育方式之下，有些孩子不仅和家长建立了亲密的联结，还把家长当作知心的朋友，生活中发生的大事小情都乐意与家长分享。而且，这些孩子在学习上充满了自主性，有目标有规划；在生活上有良好的习惯，不挑食不赖床，爱运动好交流等。

但是，有些家长在教育孩子的过程中却面临各种各样的问题。如辅导作业时总是鸡飞狗跳，孩子晨起困难，家庭日常生活沟通不畅，经常收到老师负面反馈，不知道该如何鼓励孩子，孩子社交遇到困难，接孩子放学时不知该说什么，以及带孩子出游时状况频出。

很多家长可能经常会问：为什么别人家的孩子不需要家长操心，各方面都很优秀？为什么偏偏我的孩子有这样或那样的问题？我也知道家庭教育很重要，但是又不知道该如何下手。面对这么多的问题，我该如何使我的孩子变得越来越好？

在这本书中，或许你将找到答案。

第一章

辅导作业，鸡飞狗跳

场景 01 拖着，不愿意开始写作业

由于孩子各方面的能力仍在发展中，所以在家长看来很简单的家庭作业，对孩子来说却很困难。深入分析孩子的心理，我们可以得出其不愿意开始写作业的原因。

具体原因如下

1. 孩子对家长的老生常谈感到厌烦。

2. 孩子没有把写作业当成自己的事。

3. 孩子在学习上处于漫无目的的状态，觉得学不学无所谓。

4. 孩子缺乏正确的学习方法。

5. 孩子的注意力不集中，容易出现分心现象。

孩子不愿意写作业是家长很头疼的事情。不过家长要相信，每一个孩子都是有学习意愿的。要让孩子放学回家主动开始写作业，我们可以这么做：

应对措施

- 巧用生活中的小事，激发孩子对知识的好奇心。如利用孩子喜欢听的英文歌，激发孩子学英语的兴趣。
- 把书桌清理干净，尽量不摆放会使孩子分心的物品。如工艺品、玩具这类物品应该放在远处。
- 以尊重和平等的态度与孩子对话，如“你觉得应该怎么做呢？”“你可以和我说说你的想法吗？”避免强迫、命令式的语气出现，如“你现在必须开始写作业！”
- 和孩子共同分解学习任务，计划好每科作业完成的先后顺序及花费的时间。
- 允许孩子在写完作业后自由安排休息时间。或可以让孩子自由安排如何完成作业，提升孩子的自我掌控感。

场景 02 一味抱怨作业太多、太难

听到孩子抱怨作业太多、太难，不少家长可能会先入为主地觉得孩子就是懒，不想写作业。这样一来，家里将会变得像战场一样。其实当孩子这么抱怨时，我们应该先花一点儿时间想想孩子为什么会这么说。

具体原因如下

1. 孩子在面对太多、太难的作业时，容易产生畏难和抵触情绪。

2. 孩子没有掌握所学的知识，所以作业不会写。

3. 孩子对学习没有信心，觉得自己没办法完成作业。

4. 孩子对学习没有兴趣，不想写作业。

5. 孩子想要通过抱怨来拖延时间，博得家长同情以蒙混过关。

孩子的接受能力和理解能力是有限的，当他们在学习上产生挫败感时，不仅会对学习失去信心，还有可能会对生活中的其他事情也失去信心。作为家长，我们可以这么做:

应对措施

- 理解并包容孩子在面对作业时的畏难和抵触情绪。如“今天的作业是有点儿多呢，爸爸 / 妈妈也觉得你很辛苦”。孩子的情绪被感知及接纳后，他才会停止抱怨，开始写作业。
- 利用孩子感兴趣的知识点或优势学科，让孩子先从这些学科的作业开始写。
- 让孩子知道自己需要帮助的时候可以找家长帮忙，但是要与孩子事先确定好求助原则：自己先思考后才能求助，思考后仍不会做的题目全部整理好后一次性求助，而不是一遇到问题就求助。
- 帮助孩子唤起关于成功经验的回忆，提升信心。如“我记得上周二的作业比今天还多、还难呢，但是你也完成得很棒！”
- 明确作业上交期限，培养孩子的时间观念，并引导孩子合理安排时间。

场景 03 一写作业，课上学的全忘了

孩子“一学就忘”的原因是多方面的，有孩子自身的原因，家长、学校可能也有责任。常见的原因有以下几点。

具体原因如下

1. 孩子注意力不集中，上课没有认真听讲。
2. 孩子学习压力大导致记忆力减退。
3. 孩子学习时过耳不过脑，没有真正理解知识。
4. 知识太难，超出了孩子的理解能力。
5. 孩子被动学习，只知道死记硬背。

每位家长都希望孩子有过目不忘的超强记忆力，但是世界上没有真的“记忆面包”，要想让孩子对知识的识记更长久，我们可以这么做：

应对措施

- 保证孩子有充足的睡眠和营养。精力充沛能够提升孩子学习的专注力。
- 教会孩子学会理解记忆。针对知识，多问问孩子是否理解了，理解了多少，而不是简单地让他死记硬背。
- 培养孩子的运动习惯。每天运动一小时，跑步、跳绳、打篮球等，帮助孩子大脑处于清醒状态，提升大脑活力，增强记忆力。
- 灵活利用零碎时间带领孩子回顾知识。如上下学的接送时间，可以问问孩子在学校里面学了些什么。
- 多看到孩子好的变化。孩子有进步的时候立马表扬，如“通过你的努力，这个难题被你解决掉啦，你真的太棒啦！”这样可以提高孩子的学习积极性。
- 高效利用记忆的最佳时间。比如早上让孩子记忆一些比较难或者比较重要的知识。

场景04 稍微难一点儿的题就懒得思考

孩子碰到难题时，不想面对，希望家长可以直接帮忙解决，这种现象在孩子身上是很常见的，而且是有原因的。

具体原因如下

1. 孩子对家长有很强的依赖性，没有养成独立完成事情的习惯。
2. 孩子害怕困难，不想面对困难。
3. 家长过分保护孩子，对孩子的事情干涉过多。
4. 孩子惰性太强，且不懂得如何思考。

孩子有较强的依赖心理，缺乏独立思考的能力对学习极其不利。家长应该帮助孩子培养勇于面对问题的心态、独立解决问题的能力。要达到这个目标，家长可以这样做：

应对措施

- 理解孩子的依赖心理和畏难情绪，允许孩子以合理的方式向家长寻求帮助。家长可以说："这个题目是有一点儿难呢，但是爸爸 / 妈妈知道你是一个喜欢挑战的孩子，你先自己思考一下，如果还不会，爸爸 / 妈妈再和你一起解决好吗？"
- 不直接给答案，通过巧妙地提问，引导孩子的答题思路，让孩子自己找到解决办法。
- 抓住生活中的各种机会锻炼孩子，如购物时让孩子出谋划策，什么样的购买方案最省钱。和孩子多沟通、多交流，激发孩子的好奇心，培养孩子的思考能力以及表达能力。
- 尽量多给孩子创造"自己做主"的机会，如自己选择房间的装饰、设定周末的学习计划等，培养孩子的独立性。

场景 05 做题不会举一反三

思维不够灵活，不利于孩子的创造力和问题解决能力的培养。导致这种现象的原因有很多。

具体原因如下

1. 孩子太过“听话”，没有主见，不愿动脑思考。

2. 家庭管教过严，万事只能听家长的。

3. 孩子认知有限，思维具有片面性且灵活性不足。

想要孩子能够随机应变、灵活变通，需要长期的培养。家长要在生活中有意识地引导和训练，培养孩子的思维能力，具体可以这么做:

应对措施

- 采取民主型的教育方式，和孩子平等交流。家庭教育遇到问题时，要把孩子当成一个“小大人”，邀请孩子发表意见并认真考虑孩子的观点，进而使孩子更有主见。
- 创设宽松的家庭氛围，允许孩子表达不同观点，孩子犯错时不要严厉指责。这有助于孩子拥有开放性思维和敢于质疑的精神。
- 在学习之外的场景也要引导孩子思考，多问孩子为什么，培养孩子的发散性思维。比如读故事书时，让孩子根据自己的想象给故事编一个不同的结局。
- 在做完一个题目之后，可以让孩子想一想，是否可以用其他方式来解决这个问题。
- 针对一个知识点，找到对应的多个题目同时给孩子思考，有助于孩子总结规律。

场景 06 写作业糊弄，不在乎对错

老师和家长都跟孩子强调过学习和作业的重要性，孩子为什么还是糊弄呢？

具体原因如下

1. 孩子对书本知识、作业不感兴趣。

2. 孩子玩心重，静不下心来学习。

3. 孩子写作业的时候遇到了难题。

4. 孩子以为糊弄不会被家长发现。

5. 孩子对认真完成作业的重要性理解不深刻。

对学习糊弄的习惯一旦形成，就很难改变。家长要及早纠正这种行为。以下是给家长的一些建议：

应对措施

- 通过分享自身或者他人的人生经历，帮助孩子深刻理解认真完成作业的重要性，从而端正态度。
- 和孩子共同检查作业，能够发现孩子对哪些知识点不太熟悉，清楚孩子在做题思路上的问题，并给予恰当的方法指导，提高孩子完成作业的效率。
- 在孩子表现好的时候给予一个小奖励，比如完成孩子的一个小心愿；在孩子持续糊弄作业时给予适当的惩罚，如周末不能和朋友出去玩。
- 培养孩子认真、专注的好习惯。孩子学习时，自己不要在一旁玩手机、看电视，也不要和孩子聊天或者问一些无关紧要的问题，可以在旁边看书或者工作。
- 写作业的时候让孩子远离干扰。如书桌周围不要放玩具，不要让孩子在客厅等嘈杂的地方写作业。

场景 07 很简单的题目也是一错再错

所谓简单的题目，其实只是对父母来说是这样。对孩子来说，要每一次都做对所有题目是很困难的，我们需要找到“一错再错”的原因，对症下药。

具体原因如下

1. 孩子还未养成良好的做题习惯，容易马虎。

2. 孩子还没有完全掌握和消化所学的知识。

3. 孩子缺乏反思、总结的能力。

4. 孩子写作业时心不在焉。

孩子在学习过程中出现错误，是难以避免的事情。指责和批评只会给孩子增加压力，不利于孩子的成长。家长应该保持平常心，耐心教导。具体可以这么做:

应对措施

- 做题前，家长可以带孩子一起复习，提高孩子的复习意识，达到巩固知识的目的。
- 家长要学会换位思考，站在孩子的角度考虑问题。比如家长这时可以这么说:“题目又做错了，你肯定也很沮丧，爸爸 / 妈妈能理解你。”
- 深挖根源，定位到造成孩子题目一直做错的相关知识点，并通过直观易懂的方法，帮助孩子真正理解知识。
- 培养孩子做完题目进行检查的习惯，让孩子将错题记录在一个本子上，方便后续反思和总结。
- 题目做对后适当给孩子一些奖励。比如睡前可以看半小时漫画，周末可以和爸爸妈妈一起出去玩，等等。

场景 08 对预习、复习消极逃避

我们都知道预习和复习的好处，但是这对孩子来说总是千难万难。

具体原因如下

1. 孩子意识不到预习和复习的好处。

2. 孩子完成作业后已经很累了，没有精力去做其他事情。

3. 孩子对学习的积极性不高，兴趣不足。

4. 孩子写完作业就觉得任务完成了，根本意识不到预习和复习的重要性。

课前预习、课后复习是良好的学习习惯。对于孩子不愿意预习、复习，我们应该追根溯源，找到问题的源头再去解决。具体我们可以这么做：

应对措施

- 引导孩子比较预习、复习前后的学习效果，帮助孩子明白预习和复习的好处及重要性。
- 监督孩子保持良好的作息习惯并坚持运动。这样能使孩子精力充沛，进而可以在完成老师布置的作业之后，还有精力去预习和复习。
- 家长可以采取有效的方法，鼓励孩子及时预习、复习。在学习新知识的时候，给孩子设立一定的预习任务，定期给予奖励；在复习的时候，可以把知识融入到一些游戏、竞赛中，让孩子在游戏中愉快地复习知识。此外，家长也可以给孩子树立榜样，让孩子从中获取学习的动力。
- 根据孩子的能力水平，和孩子共同制订学习方案，从简单的基础知识开始，一步步积累，以积少成多的方式帮助孩子完成预习、复习。

第二章

起床困难，出门事多

场景 01 起床难上天

任何事情都是有原因的，那么是哪些原因导致孩子起床困难呢？

具体原因如下

1. 孩子年纪小，习惯不好，自制力差。
2. 孩子睡眠质量差、睡眠不足。
3. 孩子抗拒上学，不愿起床。
4. 孩子缺乏时间观念，意识不到时间的紧迫性。
5. 家长总是晚睡晚起，没有给孩子树立好榜样。

家长应从源头入手，帮助孩子从根本上解决起床困难的问题，这样才能“一劳永逸”。在面对孩子起床难的问题上，家长宜疏不宜堵，可以试试这么做:

应对措施

- 家长应给孩子树立早睡早起的好榜样，并且还需要多鼓励彼此互为榜样，提高孩子的自律性。
- 制订规则。家长和孩子共同约定起床和睡觉的时间，并严格执行。
- 不过分保护孩子，适当放手。让孩子自己定好闹钟，在孩子错过闹钟的情况下才去提醒孩子起床，把按时起床变回孩子自己的事。
- 起床时给孩子一个缓冲时间。如早上七点是必须起床的时间，在六点五十分就要提醒孩子起床了，给孩子留下十分钟的缓冲时间，这样可以缓解起床带来的不良情绪。
- 家长用温和的语气和方式提醒孩子起床，比如在孩子耳边轻轻唱歌、亲亲孩子、抱抱孩子等，减轻晨起困难。
- 让孩子适当运动，提高孩子的身体素质和睡眠质量。

场景 02 不想吃早餐

孩子不吃早餐会让家长觉得很头疼，一方面担心孩子的身体健康，一方面又觉得自己的付出没有被孩子看到。其实孩子不想吃早餐有多方面的原因。

具体原因如下

1. 孩子习惯性地说不吃。

2. 早餐做得不合孩子口味。

3. 孩子餐前吃了零食或前一天晚上吃多了，不觉得饿。

4. 孩子不想去上学，借机拖延。

5. 家长喜欢在孩子吃饭时教育孩子。

当孩子说不想吃早餐时，家长应该站在孩子的角度，通过恰当的话术了解孩子不想吃早餐的原因，且在日常生活中有针对性地改变孩子这一想法：

应对措施

- 孩子说不吃早餐时，可能只是习惯了说不要。家长可以引导孩子尝一口，孩子觉得好吃就会想吃早餐了。
- 早餐需要兼顾营养和孩子的口味喜好，从色、香、味上吸引孩子。
- 注意控制孩子的饮食，晚上不要吃得过多，吃早餐前不要让孩子吃零食或喝大量的水。
- 让孩子觉得上学不是负担。比如家长不应该说："不吃早餐，上课就没力气听讲。"应该聊些轻松的事情，比如"吃饱饱，课间休息、体育课的时候就有能量和好朋友玩耍啦"。
- 不要在吃饭时教训孩子，这会使孩子觉得吃饭是一件痛苦的事情，想到要吃饭就会感到厌烦。
- 培养良好的就餐习惯，让孩子在餐桌上吃饭，早餐时间控制在二十分钟以内。

场景03 出门前磨蹭

家长不能一味地以大人的标准要求孩子，需要先深入了解孩子磨蹭背后的原因，站在孩子的角度考虑问题。人天生就有惰性，孩子出门前磨磨蹭蹭是由先天和后天多方面的原因造成的。

具体原因如下

1. 性格原因，孩子是慢性子。

2. 孩子缺乏时间观念，意识不到时间的紧迫性。

3. 孩子存在逆反心理，家长越是催，行动越是慢。

4. 孩子对学习不重视，觉得迟到无所谓。

5. 家长平时比较纵容孩子。

6. 家长的拖拉习惯影响了孩子。

孩子做事磨磨蹭蹭，没有时间观念，长此以往，容易养成拖拉的坏习惯。家长应从小事着手，帮助孩子改变磨蹭的坏习惯。下面是给家长的行动指南：

应对措施

- 家长要做好榜样，做事提前规划，按时完成，不拖拉。
- 制订规则，严格要求。家长和孩子约定好每天的行程时间规划，并共同商定破坏规则的惩罚，提高对孩子行为的约束力。
- 加强孩子的时间观念。在生活中引导孩子明确做每件事情需要花的时间，比如吃饭、收拾东西；布置任务时给定相应的时间，给孩子计时。
- 培养孩子的自主性，让孩子知道管理好时间是自己的事情。如自己要承担磨蹭带来的迟到、被老师批评等后果。
- 引导孩子自己选择，而不是一味催促，破坏孩子的时间感。如孩子拖拉时可以说：“你还需要几分钟可以出发呢？三分钟可以吗？”

场景 04 出门前发脾气

孩子想通过出门前发脾气的方式逃避上学，这种行为是有特定原因的。

具体原因如下

1. 孩子曾经通过这种方式达到过自己的目的。

2. 孩子在学校不适应，对于离家上学感到焦虑。

3. 孩子心情不好，情绪不佳。

4. 孩子表达能力差，不懂得通过语言表达自己的需求。

孩子可以表达自己的需求，可是不能以发脾气这样的方式来达到自己的目的。如果家长纵容孩子这样的行为，会使孩子养成不良的习惯。为了改变这种现状，家长可以这么做：

应对措施

- 给孩子喝杯水，让孩子先冷静下来，再给孩子讲明道理。通过各种事例鼓励孩子去学校上学，遵守上学的承诺。
- 转移孩子的注意力。孩子因为不想上学而哭闹，此时可以把话题转移到“学校里有你的好朋友，有你喜欢的老师”上。从而让孩子停止哭闹，对上学充满期待。
- 安抚孩子的情绪，减轻孩子的焦虑。家长可以通过给孩子安全感来减轻孩子对上学的焦虑，如“如果你在学校感到孤独、不舒服，就让老师打电话给我，我会想办法”。
- 告诉孩子，继续哭闹是没有用的。让孩子先冷静下来，用语言表达自己的想法，养成通过恰当的方式表达需求的习惯。

场景 05 假装身体不舒服

装病是一种隐性的反抗和拒绝行为，背后有多重原因。

具体原因如下

1. 家里平时管教过严，孩子不懂得合理表达需求。

2. 学习负担重，想要逃避学业。

3. 寻求家长的关注，想要获得家长的爱。

4. 装病行为曾帮助孩子达到过目的。

特别说明：该篇内容适用于家长已经识破孩子是在装病，情况无法明确识别时建议及时就医。

孩子通过装病达到目的后会变本加厉，以后不想做某件事时，孩子就会继续装病。面对这种情形，家长需要冷静地处理和适当地引导。下面是给家长的行动指南：

应对措施

- 冷静面对，仔细观察孩子到底是真病还是装病。家长可以借助体温计等工具进行甄别，以避免孩子装病得逞。
- 询问原因，关心孩子装病的真正需求，比如是因为不想上学，还是希望家长陪着自己。对孩子真正的需求表示理解和接纳，对症下药。但是不能直接同意孩子不去上学，让孩子明白生病和愿望得到满足是两回事。
- 在其他方面适度满足孩子。如孩子装病可能是因为学习太累，可以适当减轻学校以外的作业负担。
- 平时不要因为孩子生病就在孩子面前表现得过度紧张，无条件满足孩子的无理需求。

第三章

日常生活，问题百出

场景01 不爱收拾，房间一片狼藉

让孩子适当地做些家务，是有很多好处的。不仅可以锻炼孩子独立生活的能力，还可以让孩子在家庭中更有参与感，增强责任意识。那么，孩子为什么不爱主动做家务呢？

具体原因如下

1. 家长溺爱孩子，替其包揽生活中的一切家务。
2. 孩子不知道如何做家务。
3. 孩子对脏乱、整洁没有概念。
4. 孩子嫌麻烦，不愿意做家务。

要培养孩子做家务、爱整洁的习惯，单纯的批评很难起到作用。家长要纠正孩子的观念，规范孩子的行为，具体来说可以这么做:

应对措施

- 让孩子发现和体验脏乱的环境。让孩子将脏乱的环境和整洁的环境做对比，发现脏乱之处。同时，让孩子体验脏乱环境对人的坏处，比如让孩子发现在脏乱的环境里面，想找到东西很困难。
- 家长制订好规则并做出榜样。比如东西使用完后要放回原处，垃圾要扔进垃圾桶，房间要定时打扫，等等。
- 定期开展家庭大扫除，让所有家庭成员参与进来。一方面，让孩子知道家务需要所有家庭成员共同承担；另一方面，在一起做家务的时候，帮助孩子学会做家务的方法。
- 保护孩子做家务的积极性。当孩子主动做了家务时，家长不要因为孩子做得不好就直接让孩子不要做了，而要对孩子的行为进行表扬，并告诉他怎么做得更好。
- 让孩子在力所能及的范围内负责他自己的事情。比如自己整理书包、衣服，和家长一起准备碗筷等。

场景 02 不爱运动

人如果没有感受过运动带来的快乐，是很难主动迈出运动的第一步的，且孩子在心理上不成熟，意志力较弱，这更加大了孩子运动的难度。那么，孩子不愿意运动的原因有哪些呢？

具体原因如下

1. 孩子懒惰，不愿意动。

2. 孩子对运动不感兴趣。

3. 孩子被其他事物吸引，觉得运动会占用自己的时间。

4. 孩子不擅长运动，害怕出丑。

5. 家长也没有运动的习惯。

家长帮助孩子养成运动的习惯，孩子的身体素质会随之提高，学习能力和意志力也可以得到锻炼。家长可以通过以下几方面来培养孩子的运动习惯:

应对措施

- 做好榜样，带头运动。家长每月固定几天去运动，除非遇到特殊情况，否则不打破计划。
- 不强迫孩子进行某一特定运动。家长带孩子尝试多种运动，让其选择喜爱的运动。选定后，和孩子约定好要坚持下去。
- 通过多种方式培养孩子对运动的兴趣。比如和孩子一起看奥运会等各种体育赛事，鼓励孩子参加运动会等，让孩子感受到运动和竞技的快乐。
- 及时鼓励孩子，让孩子在运动中获得成就感。比如“你今天跑得比上次更快呀！”“今天的投球技巧更好啦！”等话语，可以让孩子获得成就感而不是挫败感。
- 让孩子和朋友一起运动。在一个团体中，孩子更容易坚持运动。

场景 03 挑食偏食，营养不均衡

挑食偏食的问题在很多孩子的身上都时有发生。家长面对这一情况时无须忧虑，只要找到原因，对症下药即可。

具体原因如下

1. 孩子饭前吃太多零食。

2. 饮食单一，不合孩子胃口。

3. 家长溺爱孩子，经常在孩子饮食的问题上妥协。

4. 孩子运动太少。

5. 家长强迫孩子进食。

为了让孩子养成良好的饮食习惯，家长应该找出孩子挑食偏食、不好好吃饭背后的原因，用正确的方式爱孩子。下面是给家长的行动指南：

应对措施

- 家长做好榜样。比如饭前不吃零食、按时吃饭、吃饭不挑食偏食等。
- 控制孩子吃零食的量和时间，饭前不要让孩子吃零食。
- 增加孩子的运动量，促进孩子的消化。
- 根据孩子的喜好而不是家长的喜好准备食物。在食物准备上可以花点儿小心思，比如设计新颖的菜式，把饭菜摆成有趣的卡通图案等。
- 明确就餐要求。比如吃饭要按时按点，要在餐桌上吃饭，不能边吃饭边看电视等。
- 耐心引导而不是强迫孩子进食。孩子不想吃饭时可以设置一点儿小游戏，比如发起“干饭大王选拔赛”，而不是粗暴地命令孩子必须吃饭。

场景 04 未经允许，私自拿他人物品

在一些家长眼里，如果发现孩子私自拿他人的东西，可能就会认定孩子的行为是“偷”。但其实孩子内心的想法和大人是不一样的，这一行为背后有很多原因。

具体原因如下

1. 孩子年纪小，还没有树立起正确的道德观念。

2. 孩子以自我为中心，没有边界感，认为别人的东西也是自己的。

3. 孩子自控力差、物质欲望过剩，看见喜欢的就想要。

4. 家长过度压抑孩子的欲望，没有满足孩子的需求。

5. 孩子第一次类似“偷东西”的行为发生时，家长没有发现或及时纠正，让其养成了“小偷小摸”的习惯。

对于孩子私自拿他人东西的行为，家长无须过于紧张。孩子年纪小，正确的道德观念尚在建立之中，家长应该及时教育和引导，帮助孩子改掉这个坏习惯。家长科学的做法如下：

应对措施

- 帮助孩子树立正确的道德观念。告诉孩子未经允许拿别人的东西是不对的。告诉孩子如果看到喜欢的东西，可以问问别人愿不愿意借给自己玩，或者和爸爸妈妈说。
- 注意孩子的需求，在正常范围内满足孩子的愿望。比如每周给一定金额的零花钱供孩子自由支配。
- 帮助孩子建立边界感，在家里也要分清你我。明确告诉孩子哪些东西属于他，哪些不属于他；想要拿别人的东西前，要先征得对方的同意。
- 在生活中制订规则，锻炼孩子的自控力。比如去超市购物前，先和孩子商量好他可以买几件东西；如果孩子喜欢的东西超过了约定数量，就需要他做出选择，剩下的等之后有购物机会再买。
- 及时纠正孩子的错误，不给孩子贴“小偷”的标签。

场景05 不主动向长辈问好

孩子不主动向长辈问好，有时候并不意味着他不懂礼貌，而家长不分青红皂白的批评会让孩子觉得委屈，继而对主动问好这件事产生排斥心理。家长应该深入了解孩子这一行为背后的具体原因。

具体原因如下

1. 孩子不知道如何问好和回应。
2. 孩子看见长辈时感到紧张、尴尬或是不好意思。
3. 家长也没有主动向长辈问好的习惯。
4. 孩子性格内向敏感，不善于表达。
5. 孩子被父母多次纠正后，对问好产生反感。

如果孩子不主动向长辈问好，家长切忌给孩子贴上“不懂礼貌”的标签，而是要正确引导孩子敞开心扉，做出行为上的改变。以下是针对这一问题的家长行动指南：

应对措施

- 了解孩子的性格。如果孩子过于内向，家长应该对孩子的行为表示理解，不要施加过大压力，让孩子慢慢来，不要逼迫。
- 家长在碰到长辈时要主动问好，帮孩子树立榜样。
- 减轻孩子面对长辈时的心理压力，帮孩子树立信心。可以告诉孩子，面对长辈时感到紧张是正常的，很多人都会这样。
- 在家里模拟路上遇到长辈时的情景，教给孩子问好和回应的方式。比如看到长辈时可以说：“爷爷早上好！”“阿姨，您吃饭了吗？”回答时可以说“我吃过啦，现在准备去公园玩”等。
- 遇到问题时不当面批评孩子，而应私下找一个让孩子有安全感的地方，以平和的心态与孩子交流讨论。

场景06 大人说话时，会在一边插嘴

孩子喜欢在大人说话时插嘴，未必是他不懂礼貌，更不一定是一件糟糕的事情。这一行为背后的原因有很多。

具体原因如下

1. 孩子想要获得大人的关注。
2. 孩子不知道插嘴是不好的行为。
3. 孩子对谈话内容感兴趣，忍不住要参与。
4. 孩子听到大人在谈论自己，急于回应。
5. 孩子突然发现或想到某事而急于表达。
6. 孩子性格外向，喜欢表达和展现自我。

孩子插嘴是有原因的，不能完全算作缺点。但是孩子频繁插嘴确实会给家长带来困扰，家长担心孩子这样的行为会让人觉得没有教养。下面是可以改善孩子这一行为的行动指南：

应对措施

- 在生活中主动给孩子提供表达的机会。比如经孩子同意后，让其在家人和客人面前唱歌、讲故事、跳舞等。
- 帮助孩子树立规则意识。找一个合适的机会告诉孩子，在重要的场合，频繁打断别人谈话是不礼貌的行为。
- 在聊天时安排孩子做一些他感兴趣的事情。如让孩子在一旁玩玩具、看漫画书等。
- 帮助孩子学会倾听、学会尊重。当遇到孩子感兴趣的内容时，主动邀请孩子聊聊他的看法。通过角色扮演或想象的方式，带领孩子体会他说话时被打断的感受。
- 和孩子约定等待暗号。告诉孩子，如果他遇到紧急的事，可以到爸爸 / 妈妈身边拉拉衣角，这样爸爸 / 妈妈和别人说完话后，能第一时间回应他。

场景 07 沉迷于电子产品

为了让孩子有节制地娱乐，家长应该首先了解孩子沉迷于电子产品背后多方面的原因。

具体原因如下

1. 家长在家时，长时间使用手机、电视等电子产品。

2. 孩子缺少陪伴和沟通。

3. 电子产品对孩子来说很有吸引力。

4. 孩子在现实生活中缺乏成就感和掌控感。

强迫的方式不能从根源上让孩子远离这些诱惑。家长应该在了解孩子这一行为产生的原因后，对他表示理解，并采取正确的引导方式。下面是给家长的行动指南：

应对措施

- 言传身教。家长要减少在孩子面前玩手机、看电视的时间。聊天内容应避开“我今天在手机上看到……”“xxxx 电视剧很好看”等话题。
- 共同协定这些娱乐的时间和规则。比如孩子只有周末休息时才能玩手机、看电视，学习的时候不可以；每次玩手机、看电视的时间不能超过两小时等。约定后请孩子签字并贴在家里显眼的地方。
- 家长提供高质量的陪伴。不要心不在焉，多和孩子谈心，了解孩子心里的想法和喜欢的东西；带孩子参加各种活动。
- 多对孩子表示肯定，并在一定范围内容许孩子犯错。比如孩子主动丢垃圾、按时完成作业后及时表扬孩子，增强孩子在现实生活中的成就感。不苛责孩子，允许孩子偶尔犯错，避免孩子因生活中的压力太大从而投身网络世界。

场景 08 爱撒谎

实际上，没有孩子天生就爱撒谎，孩子会撒谎很大程度上是家长的原因。

具体原因如下

1. 孩子模仿家长的行为。

2. 孩子为满足家长过高的要求。

3. 撒谎是孩子的无心之举，同时他也没有意识到撒谎的严重性。

4. 家长管教过严，孩子想要逃避责罚。

5. 孩子为了引起家长的注意。

了解了孩子撒谎的原因之后，家长才能选择更恰当的方式来改正孩子不良的行为习惯。下面是针对这一问题的家长行动指南：

应对措施

- 树立诚实守信的榜样。家长在生活中要做到实事求是、信守承诺、言行一致。
- 家庭氛围要轻松活泼。过于严肃的家庭氛围会使孩子害怕犯错后被家长批评、责罚，从而选择撒谎。
- 通过讲故事（如《匹诺曹》《狼来了》）、分析身边的案例等方式，告诉孩子撒谎会失去别人对他的信任。
- 给孩子一定的自由空间。孩子有时候会因为害怕达不到家长的要求，且为了让家长开心而撒谎。家长应适时减少对孩子的干涉和控制。
- 和孩子建立有效沟通。了解孩子内心的想法和需要，时刻关心孩子，理解孩子的情绪，让孩子感受到家长的爱。
- 适度惩罚。当孩子初次说谎、说谎程度较轻或承认了错误时，不对孩子施加惩罚，并鼓励孩子勇于承认错误；对多次撒谎、说谎程度严重的情况，施加一定惩罚。

第四章
老师来电，情绪崩溃

场景 01 在学校没有朋友

孩子在学校没有朋友属于人际交往的问题。出现这种问题，既有孩子自身的原因，也有家长和学校的原因。

具体原因如下

1. 孩子性格内向、孤僻，不喜欢社交。
2. 孩子缺乏社交能力。
3. 家庭氛围不和谐。
4. 家长的过度保护使孩子缺乏独立能力，以自我为中心。
5. 学校没有给予恰当的指导。

孩子在学校无法融入集体，学习可能会受到影响。如果没有适时指导，严重的可能会导致孩子产生一些心理问题，从而恐惧社交、逃避社交。针对这一情况，家长可以这么做：

应对措施

- 为孩子创造互动的条件。家长可以在休息日邀请孩子的同学来家里做客，鼓励孩子给同学拿一些零食、水果等，帮助孩子和同学之间增进了解，促进感情。
- 鼓励孩子多参加团体活动，如爬山、运动会、志愿者活动等。
- 在生活中借助各种场景鼓励孩子主动和他人交往并及时表扬。如在外吃饭时，鼓励孩子和服务员说自己想要什么；找不到路时鼓励孩子自己向陌生人问路。
- 传授孩子人际交往的技巧。如告诉孩子要懂礼貌，多用“谢谢”“请”等礼貌用语。
- 创建和谐有爱的家庭氛围，让家成为孩子的避风港。家长作为孩子的第一任老师，应避免在孩子面前争吵，说他人坏话，使用不恰当的沟通方式等。

场景 02 在学校参加不良小团体

最开始可能只是几个有共同兴趣爱好的人凑在一起玩，时间长了，不知不觉就变成了小团体。孩子愿意身处某一不良小团体中，这背后有很多的原因。

具体原因如下

1. 孩子在小团体中能够感受到强烈的归属感。
2. 孩子在小团体中不会感到被孤立和排挤。
3. 孩子在家庭中感受不到温暖和爱。
4. 孩子遇到问题时可以获得小团体的帮助。

家长应该辩证看待孩子在学校参加不良小团体这一行为。家长可以通过引导，化不良团体为好团体，让团体里的孩子相互学习、相互促进。具体可以这么做：

应对措施

- 对小团体表现出真正的兴趣和关心，获取关于这个小团体的信息。获得孩子信任后，借机和孩子共同引导这个小团体，如给小团体起名字、制订小团体的规则等。
- 尝试转化小团体，而不是否定、消除小团体。告诉孩子作为小团体的核心人物，应该要有正义感、责任感。
- 给孩子树立正确的榜样。孩子由于年纪小，容易受到他人的影响，所以父母需要给孩子树立正确的榜样，并根据孩子的兴趣，为孩子寻找合适的榜样来激励孩子。
- 不仅要关心孩子的学习，更要多关心孩子内心的想法和在学校里面的人际关系。比如每天留一段时间和孩子聊一聊他的学校生活、兴趣爱好等。

场景03 上课传纸条

孩子上课传纸条，家长不能想当然地认为孩子又在捣乱，故意扰乱课堂纪律，而是应该具体分析这一行为背后的原因。

具体原因如下

1. 孩子自控力差，学习习惯不好。

2. 孩子对老师讲的知识不感兴趣。

3. 孩子看到与课堂无关的有趣事物，被分散了注意力。

4. 孩子跟不上老师的节奏，传纸条打发时间。

5. 孩子学习态度有问题，不认真。

小学阶段正是给孩子培养学习习惯、端正学习态度、增强学习信心的关键时期。这时候，家长、老师需要密切关注孩子的状态，及时进行引导。下面是给家长的行动指南：

应对措施

- 告诉孩子要有意识地控制自己。让他每当自己要分心的时候就提醒自己：“我是个好孩子，我会认真听讲。”
- 保证孩子有充足的睡眠和适量的运动。孩子身体状态提升，注意力也更容易集中。
- 培养孩子对学习的兴趣。挖掘可以与孩子兴趣相结合的点，积极引导。如孩子喜欢看故事书，就引导孩子复述、分享故事，提高表达能力。
- 排除一切会使孩子分心的物品。孩子的书包里面不装和学习无关的物品，且文具选择比较简单的款式。
- 激发孩子的学习动力，和孩子共同制订学习目标。在学期开始、每个月初等特殊时期，和孩子共同制订这一阶段要达到的学习目标。目标达成后，孩子可以获得奖励。

场景 04 上课和同学讲话

很多时候孩子上课和同学讲话，并不是故意要扰乱课堂。家长收到这样的反馈后，应该要给予孩子一定的包容，因为这一行为的背后有很多原因。

具体原因如下

1. 孩子受到周围同学影响。
2. 孩子没有规则意识。
3. 孩子表达欲望强烈。
4. 孩子对老师讲的内容不感兴趣。

要想让孩子改变上课和同学讲话的坏习惯，家长应该首先查明原因再给予适当的引导。为了让孩子爱上学习，认真听讲，家长可以这么做：

应对措施

- 家长多陪伴孩子，利用一切机会和孩子沟通交流。比如可以在饭后散步、亲子阅读等时间引导孩子畅所欲言。
- 生活中多引导孩子对各种问题表达自己的看法，家长不把自己的想法强加在孩子身上。这样可以使孩子更有主见，不受身边人影响。
- 借助各种途径，让孩子对学习产生兴趣。比如可以通过一些趣味数字游戏，让孩子对数学产生兴趣；带孩子到户外观察动物、植物，使孩子对自然产生兴趣等。
- 生活中制订规则，训练孩子的自控力和规则意识。比如在家写作业时不能看电视；别人在讲事情的时候要专心听，不能随意打断等。
- 避免给孩子贴上“不爱学习”的标签，对孩子抱有积极的期望。要时刻让孩子觉得在家长眼里，自己是个爱学习、遵守规则的好学生。

场景05 成绩下滑

一次成绩的下滑属于正常的波动现象，家长不必过于焦虑，避免给孩子过大压力。过度的焦虑常常于事无补，还有可能降低孩子的学习效率。若孩子成绩连续下滑，家长要综合分析原因。

具体原因如下

1. 知识掌握不够牢固。
2. 情绪波动，压力过大。
3. 没有找到正确的学习方法。
4. 没有坚持良好的学习习惯。
5. 近期学习不够努力。

成绩连续下滑有很多原因，家长不要一味责怪孩子，也不应该给予孩子过大的压力。耶克斯－多德森定律表明，过大的压力不利于孩子的学习。明智的家长可以这么做：

应对措施

- 不责怪孩子，合理进行安慰。孩子成绩连续下滑，焦虑的不仅有家长，也有孩子。家长应该先安慰孩子，保护好孩子的自信心。
- 找出原因，调整学习计划。和孩子共同分析试卷，复盘近期的学习情况，找到具体的原因并采取相应的措施。如原因是知识掌握不牢，就每天安排一定时间复习知识。
- 培养良好的学习习惯。要求孩子作业写完后进行检查。督促孩子将错题整理成册，并时常翻阅错题本。
- 调整学习方法。改变孩子死记硬背、只知道埋头做题的学习方法。强调理解知识的重要性，多做不同变式的题目，多对比和总结。
- 对孩子寄予合理的期望。对孩子要求过高，容易给孩子造成较大的心理压力，降低学习效率。

场景06 爱管“闲事”

其实，家长面对这种情况不用过度紧张，在年纪小的孩子身上出现爱管“闲事”、告状等行为是非常正常的。那么，孩子这么做的背后有哪些原因呢？

具体原因如下

1. 单纯为了维护已有的规则。
2. 希望得到老师的夸赞。
3. 和同学有矛盾，想要“报复”别人。
4. 喜欢表现自己，吸引大家的注意。
5. 家长的纵容导致孩子以自我为中心。

年纪小的孩子爱管“闲事”，且喜欢事事报告老师，大多是为了维护规则。所以家长不必一味抵触孩子爱管“闲事”的行为，但同时为了避免孩子频繁打小报告，家长可以这么做：

应对措施

- 生活中不鼓励孩子打小报告。如果孩子打了小报告，应该告诉孩子怎样做更好。如果孩子是为了吸引家长的注意，那么家长应该在孩子打小报告的时候，有意忽视他的这种行为。
- 培养孩子换位思考的能力，削弱孩子以自我为中心的意识。在生活中，家长应该多问孩子：“如果别人对你这么做，你有什么感受呢？”
- 引导孩子建立自己的是非观，而不是一味服从老师和家长的规定。比如可以就一些社会上的热点事件，和孩子以平等的姿态展开讨论。
- 告诉孩子遇到问题时，多想办法自己解决，而不是一味依赖老师。

场景 07 喜欢说脏话、不恰当的网络语言

不少家长心存疑惑：年龄相仿的孩子，有的谦逊有礼，言行得体，有的却行为莽撞，言语粗鲁，爱将脏话等挂在嘴边，这是为什么呢？

具体原因如下

1. 孩子不会用正确的方式表达情绪。
2. 孩子性格暴躁且表达能力差。
3. 家长经常在孩子面前说脏话、不恰当的网络语言。
4. 家长平时纵容孩子。
5. 孩子缺乏解决人际交往问题的技巧。

在日常的人际交往中，如何才能让孩子避免“口无遮拦”，改掉爱说脏话和不恰当的网络语言这些毛病呢？下面是给家长的行动指南：

应对措施

- 培养孩子的共情能力。通过视频、故事或孩子切身体会，让孩子感受被不和善的语言对待时的心情，从而理解他人的情绪，学会换位思考。
- 营造轻松的家庭氛围，引导孩子认识和表达负面情绪。在生活中帮助孩子认识各种情绪，比如孩子丢了心爱的东西时，家长引导孩子感受难过的情绪，并告诉孩子，不论感受到什么情绪，都可以和家长分享。
- 建立友爱互敬的家庭环境，树立榜样。家长在和家人相处时，要给孩子树立榜样，遇到问题时不动手、不骂人和不发脾气，能用恰当的方式进行沟通。
- 对孩子严格要求。如孩子说出不恰当的语言时，给予孩子一定的惩罚，如剥夺写完作业后的娱乐时间。
- 进行人际冲突策略教育。教会孩子如何用正确的方式道歉、表达关心、表达自己的意见，以及如何分享和合作等。

场景 08 逃课

小学阶段高年级的孩子，自我意识慢慢觉醒，渐渐会表现出一些叛逆的行为，如逃课。家长与其急匆匆地对孩子说教，不如先寻找孩子逃课背后的原因。

具体原因如下

1. 孩子纪律意识差，贪玩。

2. 孩子对学习不上心，讨厌学习。

3. 孩子讨厌某一学科或某一位老师。

4. 孩子学习遇到困难，成绩不理想。

5. 孩子想要寻求刺激。

6. 孩子在学校没有朋友或被排挤、欺负，想逃离学校。

孩子逃课，家长既不能听之任之，也不能一味严厉说教，而应该去寻找孩子这一行为背后的原因，对症下药。针对这种情况，家长可以这样做：

应对措施

- 培养孩子的纪律意识。在家里也需要制订规则，比如吃饭的时候不能看手机；违反规则会受到一定的惩罚，如取消饭后的娱乐时间。
- 不过分看重成绩，减轻孩子学习成绩方面的压力，使孩子更愿意去上学。
- 平息心中的怒气，以平和的语气，像朋友一样去了解孩子逃学背后的深层原因。发现孩子在学习方面存在的具体困难，和孩子共同面对。
- 利用空闲时间，多带孩子出去接触各种新事物，拓宽孩子的眼界、激发孩子的好奇心。
- 多多关注孩子。观察孩子平时和哪些人一起玩，倾听孩子内心的想法，和孩子聊一聊学校发生的事。

第五章
表现优异，回应不当

场景 01 考试得“A”

孩子在学习上能够取得好成绩都是有多方面原因的。家长不应该忽视孩子取得好成绩背后的原因，应该在这些原因中找到可以持续激励孩子学习的因素，并给予孩子肯定和表扬。

具体原因如下

1. 孩子运气好，考试内容都在复习范围内。
2. 孩子改变了不正确的学习方法。
3. 这次考试相对来说很简单。
4. 孩子最近学习状态好。
5. 孩子这段时间付出了很多努力，对所学知识的掌握情况较好。

对于年纪较小的孩子来说，他们内心渴望得到老师、家长的肯定。所以，当孩子取得好成绩后，家长的鼓励是非常重要的。家长该如何表扬孩子呢？下面是给家长的行动指南：

应对措施

- 真诚地表扬孩子，同时可以给一些奖励。通过表扬表示对孩子成绩的认可，这有助于提升孩子信心。
- 帮助孩子分析这次考试成功的原因，并正确引导孩子把取得好成绩归因为努力。让孩子意识到：要想下次也取得好成绩，他需要继续努力。这有助于让孩子保持良好的学习状态。
- 和孩子一起复盘这段学习过程中好的学习方法，询问孩子之后的学习计划，再引导孩子为接下来的学习做规划，并沿用成功的学习方法。

场景 02 在文体活动中获奖

孩子在文体活动中获奖，对他整个学习历程来说，是一个成功的经历。这将在很长一段时间内对孩子起到激励作用，也会让孩子更自信。那么，孩子为什么能在活动中获奖呢？

具体原因如下

1. 孩子为活动提前做了充足的准备。

2. 活动内容对孩子来说很简单。

3. 竞争性的活动激发了孩子的潜力。

4. 孩子对活动内容所涉及的领域十分感兴趣，平时投入了大量的精力，积累了丰富的经验。

获奖这一成功经历有助于提升孩子信心，增强学习动力。孩子在感兴趣的领域获奖，有助于家长发现孩子的兴趣点，为孩子早做规划。下面是给家长的行动指南：

应对措施

- 了解孩子活动所涉及的领域，为孩子发展兴趣提供帮助。
- 保护孩子在某个或某些方面的兴趣，给予孩子一些可自由支配的时间，花在他自己感兴趣的事物上。
- 给予孩子适当的奖励，如带孩子吃美食等，从而肯定孩子为目标努力奋斗的精神。
- 帮助孩子总结这次获奖的成功经验，并引导孩子将其迁移到文化知识的学习上。
- 通过这次获奖的经验，鼓励孩子多参加活动，培养孩子的竞争精神，锻炼孩子的抗压能力。

场景 03 老师夸奖孩子

老师夸奖孩子，是肯定孩子的表现，也是为了激励孩子。那么，孩子为什么会受到表扬呢？

具体原因如下

1. 孩子在学校表现优秀。
2. 孩子这段时间有进步。
3. 老师会给努力学习的孩子更多鼓励。
4. 老师发现了孩子身上的闪光点。

得到老师的肯定对孩子来说是一件令人自豪的事情，家长往好的方向引导，能够帮助孩子再接再厉。下面是给家长的行动指南:

应对措施

- 对老师的表扬表示赞同。这样不仅可以维护老师在孩子心中的地位，也可以传达出自己对孩子的表现的认同。
- 与孩子分析获得老师夸奖的原因，并讨论可以不断提升自我的方法，帮助孩子获得成就感。
- 帮助孩子发扬被老师表扬的长处。如老师夸奖孩子努力、认真，可以让孩子继续保持下去并迁移到其他方面。
- 帮助孩子发现自身的闪光点，让孩子对自己充满信心，敢于挑战。

场景 04 帮助他人

当孩子表现出帮助他人的行为时，家长应该及时发现并给予肯定。孩子愿意帮助他人，主要是因为什么呢？

具体原因如下

1. 孩子想通过帮助他人得到赞许和奖励。

2. 家长常常帮助他人，孩子耳濡目染。

3. 孩子热心肠，喜欢帮助他人。

4. 孩子共情能力强，不忍心看他人处于困境。

赠人玫瑰，手有余香。孩子出现帮助他人的行为时，家长的正确回应可以让孩子明白“助人”的精神意义，从而使孩子的人格魅力得到提高。下面是给家长的行动指南：

应对措施

- 给予正确表扬。家长可以说“你的帮助成功地解决了别人的困难，你真棒啊”这类的话，让孩子感受到自己被需要，自己的行为是有意义的、有价值的。
- 对孩子“热心肠”的品质进行表扬，帮助孩子明白这是个好品质，并继续发扬光大。
- 若孩子帮助他人仅仅是为了得到赞许和奖励，家长应引导孩子体会帮助他人的快乐。如让孩子看到自己的行为给别人带来的益处。
- 家长和孩子一起践行助人为乐的理念，如一起参加志愿者活动，让孩子有积极向上的心态。

场景 05 主动做家务

有些家长抱怨孩子在家什么都不干，其实，孩子在一开始并不是这样的。研究表明，孩子在 1 岁左右，就表现出一定的自主性了。具体来说，孩子主动做家务的原因有很多。

具体原因如下

1. 孩子想要做力所能及的事以获得掌控感。
2. 孩子想要帮家长分担家务。
3. 孩子想通过做家务获得表扬。
4. 孩子爱干净，有强烈的秩序感。

培养孩子主动做家务的行为习惯，不仅可以锻炼孩子独立自主的能力，还可以培养孩子勤劳的品质。下面是给家长的行动指南：

应对措施

- 对孩子主动做家务的行为进行夸奖，并要包容孩子在一开始可能会做得不好的情况。
- 让孩子感受做家务的好处。如做完家务虽然累但是睡得香，整理之后家里焕然一新。
- 让孩子参与家务的规划和分配过程。比如确定爸爸负责什么，妈妈负责什么，孩子负责什么。这样可以锻炼孩子的分析规划能力且让他感觉到自己被需要。
- 帮助孩子意识到主动做家务可以避免家里脏乱，从而理解主动解决问题会有事半功倍的效果；进而迁移到学习上，让孩子产生主动学习的意识。

场景06 被亲友称赞

当孩子被亲友称赞时，家长不免思考：亲友为什么要夸孩子呢？

具体原因如下

1. 亲友只是在说客套话。

2. 孩子表现得确实很好，亲友实事求是。

3. 家长和亲友对“好孩子”的评价标准不一致。

4. 孩子现在相对其他孩子来说虽然还有差距，但是和孩子过去的表现比起来进步很多。

亲友称赞孩子是对孩子的一种肯定，即便亲友只是在说客套话，家长也可以借机鼓励，增强孩子的信心。下面是给家长的行动指南：

应对措施

- 和亲友一起肯定孩子。避免在亲友面前直接说孩子不好的方面，保护孩子的自尊心。
- 不停留在夸奖表面。言明夸奖的是哪一件事，孩子身上具有哪一种品质，从而可以帮助孩子明白什么是值得继续保持的。
- 在夸奖之后可以帮助孩子将信心、动力迁移到学习等其他方面。比如“林阿姨夸你做事很仔细呢，那你在学习上也同样可以做到仔细认真，对吗？”

第六章 日常社交，麻烦不断

场景 01 结交“坏朋友”

在孩子的交友问题上，很多家长自以为可以控制孩子的交友方向。实际上，孩子虽然口头答应了和“坏朋友”断绝关系，但私下还是会在一起玩。这是为什么呢？

具体原因如下

1. 家长仅以学习成绩作为评价孩子好坏的标准。
2. 家长的阻拦使孩子产生了逆反心理。
3. “坏朋友”身上有很多有趣的地方。
4. 孩子和“坏朋友”玩时，不会被“欺负”。
5. 孩子在学校缺少朋友，在家庭里缺少理解。

友谊对孩子来说很重要，且同伴对孩子既可能会带来坏的影响，也可能会带来好的影响。家长一味粗暴地阻止孩子和“坏朋友”玩是不可取的。下面是针对这一问题的家长行动指南：

应对措施

- 家长判断孩子的“好”与“坏”时，不能以学习成绩作为唯一的评价标准。家长可以试着去理解孩子的朋友，发现他们身上的闪光点。
- 让孩子自己做选择，不要反应过度。家长不能直接命令孩子“你不许再和他玩了”，而是应该和孩子一起分析这个朋友的特点及这个朋友是否与孩子的交友观相符，最后让孩子自己做出选择。
- 帮助孩子树立自身的边界意识。孩子之间很容易相互模仿，家长要告诉孩子，如果朋友邀请他一起做坏事，他应该立刻拒绝。
- 帮助孩子树立正确的交友观，并在必要时介入。在和孩子的交流中帮助孩子明白：互相帮助、共同成长的人才是真正的朋友。当孩子被所谓的“朋友”带着做坏事时，家长要及时制止。

场景 02 兄弟姐妹之间闹矛盾

兄弟姐妹之间闹矛盾难以避免，这主要与家庭的教养方式和孩子的心理特点有关。孩子之间闹矛盾的具体原因有很多。

具体原因如下

1. 孩子通过争吵、打架的方式引起家长的注意。

2. 家长偏爱某个孩子导致其他孩子心理不平衡。

3. 家长一味要求年长的孩子对年纪小的孩子忍让。

4. 孩子之间发生利益冲突，谁也不愿意让步。

5. 家长的教育方式不对，助长了孩子的冲突。

培养孩子之间的友爱精神非常重要，这不仅有助于增进孩子之间的感情，还有利于让孩子学会正确的沟通技巧，以正确的方式解决冲突。下面是针对这一问题的家长行动指南：

应对措施

- 先做冷处理。把处于争执中的孩子分开，将他们安排在不同的房间，让他们先冷静下来。
- 不偏袒任何一方。让孩子们分别陈述事情的经过，然后做出公正的评判。
- 帮助孩子重归于好，修复感情。在争执之后，引导孩子和对方说“对不起”，并抱抱对方，告诉对方“我爱你”。
- 在生活中，给予所有孩子平等且充足的爱。比如买东西时每个孩子都有份，给予他们同样的关注度，做到一碗水端平。
- 家长避免在孩子面前吵架，遇到冲突要心平气和地解决。
- 及时奖励孩子的积极行为，惩罚消极行为。当孩子之间做出友爱行为的时候，家长应大声表扬或给予一定物质奖励；当孩子做出不好的行为时，家长可以给予一定的惩罚，如剥夺晚饭后的看电视时间。

场景 03 和朋友发生肢体冲突

导致孩子间发生肢体冲突的因素有很多，除了孩子自身的原因，更多的还是受家庭教育影响的缘故。

具体原因如下

1. 孩子内心缺乏安全感，以攻击性行为掩饰内心的不安。

2. 孩子以自我为中心，缺乏合作意识。

3. 孩子的逻辑思维能力和沟通能力较弱，导致意思传达不清而和他人产生冲突。

4. 家庭管教方式粗暴，家庭环境不够和谐。

孩子与朋友发生肢体冲突，如果是小冲突，家长可以启发孩子找到解决冲突的办法，而不是代替孩子解决冲突。如果发生的冲突较为严重，家长应介入。下面是给家长的行动指南：

应对措施

- 营造和谐友爱的家庭环境。家庭往往是最能给孩子安全感、归属感的地方，良好的家庭环境可以帮助孩子获得较为稳定的安全感。
- 通过榜样的力量影响孩子。在日常生活中，家长应以身作则，不要运用暴力的方式解决冲突，而要进行有效地沟通。
- 培养孩子的逻辑思维能力和沟通能力。在生活中家长应该多引导孩子表达自己的观点。在孩子不知道怎么表达时，家长可以通过提问的方式进行引导，事后及时表扬。
- 帮助孩子掌握应对冲突的技巧。家长可以在家里模拟两人遇到冲突的场景，通过角色扮演的方式引导孩子发现解决冲突的诀窍。如让孩子先深呼吸冷静一下，然后告知对方这样做会让自己伤心，最后认真倾听对方的想法。

场景04 不愿意分享

学会分享有助于孩子收获友谊，形成积极的性格。那么，孩子不愿意分享的原因有哪些呢？

具体原因如下

1. 孩子以自我为中心，不愿意分享。

2. 孩子认为分享等同于失去，不舍得分享。

3. 由于家长没有分享的习惯，所以孩子没有体会过分享的快乐和好处。

4. 某物对于孩子来说过于珍贵，孩子担心分享出去后它会被弄坏。

想让孩子主动分享，家长不能强迫孩子把他自己的东西给别人，也不能一气之下给孩子贴上“自私”的标签。那要怎么做呢？下面是给家长的行动指南：

应对措施

- 家长做好榜样，当着孩子的面主动将自己的东西分享给他人，并告诉孩子在分享之后自己觉得很开心，并且收获了友谊。
- 尊重孩子，悉心引导。不强行把孩子的东西分享给别人，而是让孩子自己做选择。引导孩子换位思考：“如果你的朋友不愿意分享玩具给你玩，你心里会有什么感受？”
- 帮助孩子理解分享并不等于失去。告诉孩子，他的东西只是借给朋友玩，朋友玩完之后会完好地还给他。
- 让孩子自己感受分享的快乐。设计小活动，如组织孩子和朋友们一起去野餐，互相分享各自带来的食物，了解孩子分享之后的感受。

场景 05 不愿与他人交流合作

常言道:“众人拾柴火焰高。”为什么孩子还是宁愿独自行动呢？这背后的原因令人深思。

具体原因如下

1. 孩子性格内向，不愿意与人沟通。

2. 孩子没有合作意识。

3. 孩子在合作过程中会与他人发生冲突，所以不愿意交流合作。

4. 孩子在人际交往中遇到过较多挫折。

5. 孩子在家庭中被父母忽视或溺爱。

6. 孩子缺乏与同伴交往的机会。

在成长过程中，孩子要学会与他人交流合作，这是孩子融入社会必须具备的一项重要技能。那么家长该如何培养孩子的交流合作能力呢？具体行动指南如下：

应对措施

- 打造宽松、平等的家庭氛围，让孩子有参与感。比如在日常生活中，邀请孩子一起洗碗、扫地、拖地等，增强孩子在家庭生活中的参与感，培养孩子共同承担任务的意识。
- 通过讲故事、做游戏等各种方式激发孩子的合作意识。比如带领孩子观看蚂蚁搬运食物的场景，给孩子讲“二人同心，其利断金”的故事。
- 多给孩子创造与同伴交往的机会，让孩子感受到其中的快乐，从而增强孩子的交流合作意识。
- 多鼓励，少批评，保护孩子的自尊心。如果孩子一时不愿意与他人交流合作，家长不要急于强迫他，而应耐心鼓励。比如说：“没关系，下次我们再和小伙伴一起合作。”
- 借助游戏或生活实例，教会孩子交流合作的技巧，如分工明确、及时沟通、耐心倾听和互相帮助等。

场景 06 盲目攀比

孩子盲目攀比，其实是陷入了一种不正确的比较。家长应寻找其背后的原因，及时制止攀比行为。那么孩子之间存在攀比现象的原因有哪些呢？

具体原因如下

1. 孩子受到同伴影响，同伴之间喜欢互相攀比。
2. 孩子为了融入集体，担心被集体孤立。
3. 孩子的需求经常不被满足，因此在同学面前感到自卑。
4. 孩子物质欲望过剩。
5. 家长平时也喜欢攀比，将自己或孩子与他人进行比较。

互相比较并不完全是一件坏事，关键是看在哪方面进行比较。家长可以通过引导，使孩子消除物质上的攀比心理，和其他孩子在学习等方面进行良性竞争。具体行动指南如下：

应对措施

- 家长应避免在物质上将自己的孩子与他人比较，也要避免自己与其他家长之间的攀比。
- 适当让孩子体验生活的辛苦。比如可以让孩子在家里通过他自己的劳动获得报酬。
- 引导孩子正确比较。比如和同学比起来，他自己是不是更努力、更乐于助人等。并且可以适当将孩子的进步之处与过去的不足之处相比，增加孩子的信心。
- 合理满足孩子的物质需求，不放纵孩子的欲望。孩子需要什么要根据实际情况来决定，不能孩子张口要什么，家长就买什么。
- 树立正确的观念。让孩子了解各种与勤俭相关的故事，观看相关的视频等，帮助孩子意识到盲目攀比是不正确的，在生活中应该尽量做到勤俭节约。

场景07 过度自卑

孩子过度自卑的原因有很多，除了孩子自身的原因，更多的还是家长教育理念、与孩子相处方式上的问题。

具体原因如下

1. 孩子内向、敏感。

2. 孩子在生活中缺少肯定，受到的批评过多。

3. 家长经常将孩子与他人进行比较。

4. 家长对孩子期望过高。

5. 家长帮孩子包办一切。

孩子过度自卑时总是觉得自己比别人差，觉得自己什么也做不好。长此以往，孩子很容易形成习得性无助。家长应该如何帮助孩子重获信心呢？下面是给家长的行动指南：

应对措施

- 营造和谐的家庭氛围。家庭成员之间和谐友爱，孩子才更容易有安全感。这样，他不会时时处于担心之中，害怕是他自己做错了事使家长吵架。

- 允许孩子犯错。当孩子犯错时，家长不要一味批评、指责孩子，强调错误的严重性，而要给孩子提供帮助，告诉孩子如何改正错误。

- 避免将孩子与他人相比较，帮助孩子发现他自己身上的闪光点。家长要认识到孩子是独立的个体，要善于发现孩子身上的闪光点，将孩子的现在与过去对比，使孩子看到他自身的进步。

- 家长要教孩子进行积极的自我暗示。如走路时昂首挺胸、面带微笑，每天早上起来和临睡前都在心里默念三遍“我真的很不错”。

第七章

接娃放学，提问无方

场景 01 “你今天在学校学了什么？”

家长出于关心的提问，得到的却是孩子的不耐烦或是敷衍的回应，家长不免觉得沮丧。孩子出现这种反应是有原因的。

具体原因如下

1. 家长提问的内容太过宽泛，不够具体明确。
2. 孩子年纪小，表达能力弱，不知道该如何表达。
3. 孩子和家长的关系不亲密，不愿意回答问题。
4. 孩子听到家长聊学习产生抵触心理。

小学阶段，是家长和孩子建立良好的亲子关系的关键期。这一时期家长不应只关注孩子在学校学到了多少知识，更应该关注自己和孩子之间的心理距离。具体来说可以这么做:

应对措施

- 提问内容具体化，把大问题分解为小问题。如“你今天一天是怎么度过的呀？上午做了什么？下午做了什么？”
- 倾听孩子回答时要有足够的耐心，鼓励孩子表达自我。如孩子在回答问题时卡住了，家长应该耐心地等待，并通过面部表情、语气、手势等方式对孩子的表达及时鼓励。
- 让孩子感觉到比起学习，家长更关心他在学校是否开心。可以问问孩子在学校发生的开心与不开心的事情。
- 避免将聊天的氛围严肃化，聊的话题要让孩子感到轻松。家长可以像朋友一样，问问孩子在学校发生的趣事，最近感兴趣的事物等。

场景 02 “在学校有人欺负你吗？”

有时，家长对孩子善意的关心有可能会把孩子推向孤独的境地。由于孩子对世界上所有事物的看法尚未固定，家长应该避免使用带有负面引导性的提问，要让孩子对人际关系抱有积极的期望。

具体原因如下

1. 家长的担忧会传递给孩子，会使孩子在学校整日关注同学间的社交问题，分散学习、交友的精力。

2. 家长的提问会使孩子觉得学校是危险的，可能会导致孩子害怕去学校、讨厌去学校。

3. 家长过多替孩子考虑，会使孩子丧失自主判断的能力，总是需要他人帮自己解决人际问题。

在学校拥有良好的人际关系，可以让孩子减少孤独感和焦虑，有利于孩子把更多的精力分配到学习上。此外，还会让孩子更愿意上学。家长可以这么做:

应对措施

- 将带有负面导向的提问内容换为询问孩子在校人际交往中的细节。如询问孩子今天在学校和同学做了些什么。
- 休息日可以让孩子邀请同学来家里玩，直接观察孩子和同学们的相处方式。
- 对于人际关系，家长应给孩子传递出积极的态度。比如告诉孩子朋友可以在孤独时陪伴自己，在遇到困难时帮助自己，消除孩子对人际关系的焦虑。
- 在学期开始前找一个时间告诉孩子，发生什么样的事情叫作校园暴力，并告诉孩子遇到这些情况要立马告诉老师和家长。
- 当孩子和其他同学产生小摩擦时，引导孩子先自己想办法解决摩擦，不包办孩子的校园人际关系。

场景 03 “今天老师批评了你什么？”

当家长和孩子聊与学习相关的负面信息时，孩子会不自觉地将负面信息和家长、学习联系起来，导致孩子一想到家长或是学习，就会先入为主地产生负面情绪，从而抗拒家长的询问，抵触学习。

具体原因如下

1. 孩子接收过多的负面信息，容易失去自信。

2. 负面提问会破坏家长与孩子之间的信任，从而破坏亲子关系。

3. 对于年纪小的孩子来说，家长、老师是他们心中的权威，因此家长和老师的负面评价会严重影响孩子的心理健康。

家长过度关注老师有没有批评孩子，是想快速地知道孩子在学校的表现。然而这种关注方式，很容易适得其反，引起孩子对学习的反感。为了避免上述情况，家长可以这么做：

应对措施

- 转变提问方式，不直接问孩子是否在学校受到批评，而是问孩子在学校有没有受到表扬，或者是提开放式的问题："你今天在学校做了些什么呀？"这样孩子对于和家长说自己在校的不良表现也不会那么戒备。
- 弱化对批评内容的关注度，转向关注事件本身。和孩子一起客观地分析老师批评自己的原因，并寻找解决的办法。
- 适当降低老师、家长对孩子的权威影响，培养孩子正确自我评价的能力。过度强调权威人物的评价，会导致孩子失去自主性，只会附和权威人物的观点。所以可以让孩子自我评价在学校的表现，为提升自己做规划。

场景 04 “你今天有没有犯错误？”

家长一有机会就关注孩子在校的负面、消极的行为，会使孩子讨厌家长的关注，变得叛逆，还有可能会让孩子养成撒谎的坏习惯。

具体原因如下

1. 孩子认为家长不关心、不包容自己。

2. 孩子觉得家长只看得到自己的缺点，看不到自己的优点，认为自己是个坏孩子。

3. 孩子害怕家长批评自己，选择用撒谎的方式来逃避问题。

4. 孩子觉得家长高高在上，没有和自己平等交流。

想要知道孩子在学校的表现，最有效的了解途径是问老师。如果要询问孩子，为了避免其产生抵触心理，家长可以采取旁敲侧击的方式来询问。下面是给家长的行动指南：

应对措施

- 了解孩子在校的纪律情况前，要先对孩子表示关心。比如可以问孩子“今天在学校累不累呀？”这样比较容易打开话题，避免孩子产生厌烦心理。
- 问到具体表现时，尽量预设孩子表现良好，而不是预设孩子违反了各种纪律。这样不仅有助于激发孩子的表达欲望，也有助于提升孩子的自信。
- 听到孩子犯错时不要急于批评，包容孩子的小错误。过于严苛的家长会使孩子变得谨小慎微，会因为害怕犯错而不敢尝试新的事物，甚至会为了避免被批评而撒谎。
- 和孩子平等地沟通，接纳孩子的不完美之处。家长不要一味地站在制高点指责孩子，要认识到没有完美的孩子。

第八章

出门游玩，沟通不畅

场景 01 不愿意出去玩

外面的世界如此丰富有趣，为什么孩子还是宁愿待在家里呢？

具体原因如下

1. 孩子不知道外面有让他感兴趣的东西。

2. 孩子对陌生的事物、陌生的人感到恐惧。

3. 孩子觉得家里的玩具、电视等更有趣。

4. 孩子性格内向自卑，不愿意面对外面的世界。

孩子长期待在家里，难免有更多的时间接触电子产品，视力也容易受损，对他的社交能力和性格的发展也会产生负面影响。为了让孩子愿意出去玩，下面是给家长的行动指南：

应对措施

- 家长做好榜样。家长应该在休息时间多出门活动，比如去爬山、逛公园、参观博物馆等，而不是整天待在家里。
- 不直接强迫孩子出去玩，了解孩子的兴趣所在。耐心真诚地和孩子沟通，真正了解孩子喜欢去什么地方，而不是直接替孩子安排游玩的地方。
- 给孩子布置一定任务，让孩子感觉到自己被需要。比如出去游玩时，告诉孩子到了公园后，他需要负责选择野餐的位置。
- 带孩子感受出去玩的快乐。设计好玩有趣的活动，比如去到植物园，和孩子开展“寻宝游戏”，比比谁在植物园里发现的蘑菇种类多。每当孩子发现一个蘑菇，就真诚地夸奖他，如“你真是火眼金睛呀”，通过鼓励提高孩子出游的积极性。

场景 02 什么都想买

出游的时候，即便是大人，看见新奇、有趣的东西也可能会萌生“买买买”的想法，孩子看到喜欢的东西就想要更是可以理解的。那为什么大人可以控制自己合理消费，而孩子就非买不可呢？

具体原因如下

1. 孩子自控力差，不能控制自己的欲望。

2. 孩子对金钱、数字没有概念，尚未建立合理的消费观。

3. 孩子存在攀比心理，看到别人有自己也想要。

4. 孩子受好奇心驱使，看见新鲜的东西就想要。

5. 家长平时溺爱孩子。

帮助孩子建立科学的消费观，理性消费；增强孩子的自控力，学会延迟满足等。这些对孩子今后的生活是非常有利的。具体该如何去做呢？下面是给家长的行动指南：

应对措施

- 帮助孩子对金钱、数字形成概念。多带孩子一起去超市购物，引导孩子观察商品的价格。还可以给孩子一定金额，让其自由规划，看看可以在超市买到多少东西。
- 和孩子事先共同制订规则。出门前约定好不可以因为不买东西而哭闹，规定好可以买几件东西。如果孩子什么都想要，带孩子回忆和家长的约定，从而约束孩子。
- 让孩子学会等待，增强自控力。告诉孩子，如果你这次不买这个，下次来商场的时候不仅可以买这个东西，还可以收到一个小惊喜，从而帮助孩子学会延迟满足。
- 更注重内心世界的富足。通过讲故事、以身作则等方式，帮助孩子认识到内心富足的快乐，从而避免攀比心理。
- 让孩子通过劳动获得报酬。比如在家里帮忙做家务、跑腿都可以获得一定的物质奖励，从而锻炼孩子的独立能力，也让他意识到工作的辛苦，进而学会节约不浪费。

场景 03 出游时闹脾气

孩子为什么会不听家长的劝告，不顾周围人的眼光，在出游的时候闹脾气呢？这背后有很多原因。

具体原因如下

1. 孩子不知道怎么表达自己的不适和正确表达情绪。

2. 孩子觉得游玩地点很无聊。

3. 孩子在游玩中累了、饿了、渴了等，状态不佳。

4. 孩子没有意识到自己的行为会给别人带来影响。

5. 孩子不能买自己想买的，玩自己想玩的。

6. 孩子在旅途中受到了批评，遇到了困难。

孩子出游时闹脾气，实际上体现出来的是孩子情绪控制能力和语言表达能力的不足。家长应该培养孩子这两方面的能力。下面是给家长的行动指南：

应对措施

- 在制订出游计划时让孩子共同参与，把孩子的兴趣和需求考虑进来。这样不仅能避免游玩过程中玩得不开心，还可以养成孩子的主人翁意识，培养孩子的自我规划能力。

- 培养孩子觉察并表达自己身体状态的能力。家长应该在日常生活中教会孩子如何表达自己的不适。

- 生活中允许孩子表达，并学会接纳孩子的负面情绪。不要阻止孩子表达负面情绪，比如把“你怎么老是不开心啊”，换成“我知道你不开心了，你可以哭一会儿”。孩子的情绪被接纳后，他才能平静地说出原因。

- 教孩子调节情绪的方法。如感觉生气的时候可以深呼吸、向爸妈倾诉、转移注意力等。

- 在生活中采用情景模拟的形式，让孩子体会被周围环境影响的感受，使他学会换位思考。

场景 04 总是问问题

孩子提出的问题越多，说明孩子思考得越多，好奇心和求知欲越强。那么，孩子总爱在旅途中问问题还有其他原因吗?

具体原因如下

1. 孩子在旅途中遇到了很多新鲜事。

2. 孩子好奇心、求知欲、探索欲很强。

3. 孩子想要获得家长的关注。

4. 孩子不满意父母的安排，通过问“为什么”来表达对家长的反抗。

孩子总是问问题，未必是一件坏事。只要家长恰当地进行引导，保护孩子的好奇心，这对孩子来说是受益一生的事。下面是给家长的行动指南：

应对措施

- 分辨孩子提问的意图。孩子问为什么，有可能是被家长忽视后想要寻求关注，有可能是对家长的安排不满想表达反抗，还有可能是孩子具有强烈的好奇心。
- 认真对待孩子的提问，不要表现出敷衍、不耐烦。可以说“好问题”“我以前还没有想过这个问题呢”等，鼓励孩子的提问精神。
- 积极回答孩子的问题，鼓励孩子自己寻找答案。家长不要直接告诉孩子答案或者只回一个“不知道”。
- 肯定并表扬孩子的探索精神，耐心陪伴孩子一起探索问题的答案。

场景 05 玩得不想回家

孩子为什么容易出现玩得不愿意回家的情况呢？主要原因有以下几点。

具体原因如下

1. 孩子没有时间观念，意识不到游玩时间结束了。

2. 孩子自控力差，想做什么就做什么。

3. 孩子在外面玩得太开心，舍不得离开。

要想让孩子在游玩结束之后自觉回家，家长要培养的其实是孩子的自觉性。那么，家长该怎么做呢？以下是给家长的行动指南：

应对措施

- 和孩子提前约定好时间，说好出发的时间和游玩结束的时间，并且不要突然就告诉孩子时间到了，可以循序渐进地提醒。如第一天结束后告诉孩子“我们还有两天的时间”，之后每天提醒一遍。这样到最终离开时，孩子才不会觉得难以接受。
- 有仪式感地进行告别。最后离开时，可以通过给孩子拍照留念，让孩子和这个地方说“再见”的方式告别。
- 给孩子缓冲的时间。孩子实在不愿意离开时，可以再给孩子五分钟、十分钟的时间继续待在这个地方，并整理好情绪后再离开。
- 转移注意力，计划下一次出游。家长可以说：“这次的出游要结束了呢，你下次想去哪里玩呢？”

时间管理能力养成指南

这是轩轩的一天

“起床啦！”这已经是妈妈第三次叫轩轩起床，可轩轩还赖在床上不动。好不容易等轩轩起床洗漱好，妈妈火急火燎地让轩轩赶紧吃完早餐去学校，轩轩却满不在乎地说:“不着急，还有十五分钟呢。”妈妈说:“十五分钟也不够呀。”果然，轩轩迟到了。

晚上，一回到家妈妈就催轩轩赶紧写作业，写完作业早点儿洗漱睡觉，免得第二天早上起不来又要迟到。轩轩不同意，说他喜欢的动画片开始播放了，要先看会儿电视。妈妈没办法，只好说:“那你看完动画片就开始写作业。”轩轩眼睛盯着电视，不耐烦地说了一句“好”。两个小时过去了，妈妈看到轩轩还在看电视，强硬地把他叫到书房写作业去了。

轩轩坐在书桌前，看着作业发呆，半天也没动一下笔。妈妈进来，发现轩轩什么也没有写，顿时火冒三丈，发了一顿火。轩轩终于开始写作业了，可是这时候已经九点了，到了该睡觉的时间。轩轩这时候又困又累，写作业时无法专心思考。结果，作业还是没有写完，妈妈也没有办法，就让轩轩去睡觉了。

第二天，妈妈正在上班，不出意料地接到了老师的电话。老师疑惑地说:“轩轩最近怎么回事？经常迟到，作业也没有写完。”

这可能也是很多家长、孩子的一天。这一天下来家长筋疲力竭，可是看起来第二天、第三天……以后的每天都会如此循环。这是为什么呢？

具体原因如下

1 孩子没有时间观念。轩轩以为十五分钟就可以完成吃早餐和去学校这一系列事情，说明他不知道日常生活中的各种事情所需要花费的时间。

2 孩子自制力差，急于满足当下的愿望，不考虑其他。早上妈妈叫了三次，轩轩还是赖在床上不起来，不考虑再睡下去会迟到。轩轩看动画片，一看就看两个小时，不考虑这样下去可能就没有时间写作业了。

3 孩子做事没有规划，分不清轻重缓急。日常生活中，我们应该把紧急的、重要的事情排在前面优先做。轩轩在写作业的任务（重要且紧急的事情）还未完成时，就先去看动画片（不重要且不紧急的事情），不仅导致作业没有按时完成，还没睡好，造成第二天的迟到。

4 家长溺爱孩子，没有坚守原则。妈妈拗不过轩轩，同意了轩轩先看动画片再写作业的不合理要求。这其实会助长孩子此类行为的发生。

5 家长一味催促，让孩子失去自主性。轩轩的一天都是妈妈在为他规划，自己却一点儿都不着急，原本应该是轩轩自己该担心迟到、作业写不完，现在全转移到妈妈身上了。

家长行动指南

首先，帮助孩子形成正确的时间观念。要经常给孩子强调时间，比如现在是几点。同时通过计时，让孩子知道做每一件事情大概需要多长时间，如刷牙洗脸需要五分钟，吃早餐需要十五分钟左右等。

其次，引导孩子珍惜和高效利用时间。如和孩子探讨“一分钟可以做什么”，通过具体的数据如一分钟大约可以在操场跑 300 米，一分钟可以朗读完一篇 200 字左右的文章等，让孩子意识到短短一分钟也可以做很多事情，从而珍惜和高效利用时间。

再次，培养做事应分轻重缓急的意识。根据时间管理四象限法则，引导孩子一起将生活中的事情从重要与不重要，紧急与不紧急两个维度分类，从而确定事情的优先级。

然后，和孩子共同确立目标，做好时间规划。目标可以具体一些，比如每天几点起床、几点完成作业、几点睡觉等。之后根据事情轻重缓急及所费时间做好一天的计划，并制作成作息时间表，张贴在家里显眼的地方。

最后，平时严格要求孩子，避免反复催促。当孩子拖延时，家长可以这么说：“你还需要几分钟呢？ / 我们再玩五分钟就结束好不好？”这种情况下孩子一般会同意家长的建议。或者，家长不再反复提醒，明确告诉孩子写作业、上学是他自己的事情，让孩子自己承担拖延带来的后果。

父母话术指导｜语言篇

时光学教育研究中心　编

图书在版编目（CIP）数据

父母话术指导 . 语言篇 / 时光学教育研究中心编
. -- 北京 : 海豚出版社 , 2023.8
ISBN 978-7-5110-6531-5

Ⅰ . ①父… Ⅱ . ①时… Ⅲ . ①家庭教育—语言艺术
Ⅳ . ① G78

中国国家版本馆 CIP 数据核字 (2023) 第 146470 号

父母话术指导　语言篇

时光学教育研究中心　编

出 版 人：王　磊
责任编辑：张　镛　白银辉
装帧设计：李　伟　薛丽娜
责任印制：于浩杰　蔡　丽
法律顾问：中咨律师事务所　殷斌律师
出　　版：海豚出版社
地　　址：北京市西城区百万庄大街 24 号
邮　　编：100037
电　　话：010–68996147（总编室）　010–68325006（销售）
印　　刷：湖南锦泰数字印刷有限公司
经　　销：新华书店及网络书店
开　　本：880mm × 1230mm　1/32
印　　张：7.5（全 2 册）
字　　数：135 千（全 2 册）
版　　次：2023 年 8 月第 1 版　2023 年 8 月第 1 次印刷
标准书号：ISBN 978-7-5110-6531-5
定　　价：46.80 元（全 2 册）

前言

亲子沟通是家庭教育中关键的一环，它是亲子关系的桥梁，是家庭教育的润滑剂，因此，正确的话术就显得尤为重要。但是很多家长也会觉得委屈：每天费心费力地叮嘱孩子这个那个，明明是为了能让孩子更好地成长，怎么在孩子眼里却成了唠叨？

那么，问题究竟出在哪里呢？家长在和孩子沟通的过程中常常会陷入哪些误区？正确的沟通话术应该是怎样的呢？

① **心平气和地与孩子沟通**。孩子的很多行为能瞬间点燃家长的怒火，此时，家长产生愤怒情绪是在情理之中的。但是带着这种情绪说出的话往往是粗暴的、命令式的，或者是质问、批评式的。这样一来，家长和孩子的情绪都上来了，想要沟通任何事情变得几乎不可能。

家长也会有喜怒哀乐，那么到底要怎样与孩子沟通呢？其实家长可以运用正确的话术表达情绪，如“你可不可以加快一点儿速度呀？马上要迟到了，爸爸/妈妈很着急呢”，这样的话术不仅可以传递信息，也可以表达出家长的心情，从而让孩子做出改变。

② **倾听和接纳孩子的内心世界**。有些家长只要孩子一犯错就急于批评孩子，给孩子贴标签，如“你真是没救了，这么小就知道

骗人了”“我看你就是懒，不想写”，这样的话术会打击孩子的自信心，甚至可能导致孩子自暴自弃。遇到问题，家长应该先问问孩子内心的想法，如“你可以和我说说，你做题时的思路吗？”“你可以告诉爸爸/妈妈，你为什么喜欢自己一个人做各种事情吗？”当孩子的情绪被家长接纳之后，孩子才会愿意说出内心最真实的想法，也更容易接受家长的教诲。

③ **允许孩子偶尔犯错。**有些家长对孩子有过于苛刻的要求，一旦知道孩子犯错了就暴跳如雷，如“你太让我生气了！”“你怎么又惹事了！”“我是教不了你了，谁能教让谁教去吧！”这样的话术不但会让孩子极度害怕犯错，变得胆小，还会破坏孩子的安全感。家长应该包容孩子偶尔犯的错误，并帮孩子树立信心，如“一次犯错并不可怕，我们相信你一定可以改正的”。

本书囊括了孩子学习、生活和社交等方面的常见场景，包括辅导作业、晨起、日常生活、收到老师负面反馈、鼓励孩子、帮助孩子社交、接孩子放学、出门游玩八个章节，且每一章都涵盖了这一主题下家长通常会遇到的场景。

此外，本书还提供了在各个场景下，家长可以使用的正确话术。同时，也罗列了家长常常会脱口而出的错误话术，以示警醒。

目录

第一章 辅导作业，鸡飞狗跳

第二章 起床困难，出门事多

第三章 日常生活，问题百出

第四章 老师来电，情绪崩溃

第五章 表现优异，回应不当

第六章 日常社交，麻烦不断

第七章 接娃放学，提问无方

第八章 出门游玩，沟通不畅

良好的亲子关系从有效沟通开始

第一章

辅导作业，鸡飞狗跳

01 拖着，不愿意开始写作业

02 一味抱怨作业太多、太难

03 一写作业，课上学的全忘了

04 稍微难一点儿的题就懒得思考

05 做题不会举一反三

06 写作业糊弄，不在乎对错

07 很简单的题目也是一错再错

08 对预习、复习消极逃避

一写作业，全家鸡飞狗跳，辅导孩子写作业往往是最容易引爆家长情绪、破坏亲子关系的一件事。孩子写作业习惯不好，可能会出现碰到难题就不想写、思维不灵活、马虎不细心、敷衍糊弄等问题。这其中任何一个问题都足以把温馨的家庭变成“炮火连天”的战场。家长气急败坏，控制不住说出一些伤害孩子的话。孩子在一旁或是委屈或是害怕，但该完成的作业还是没有完成，成绩仍然没有起色。

那么，什么样的话术才能够起到积极的效果呢？孩子出现这些问题，背后的原因是什么呢？我们又该如何培养孩子良好的学习习惯呢？

场景 01 拖着，不愿意开始写作业

每到写作业时间，孩子一会儿要喝水，一会儿要上厕所，一会儿又说光线不好……眼看着时间一分一秒地过去，想着班级群里老师布置的作业，家长急得火烧眉毛。这时，家长可能会忍不住说：

- “我数 321，你立马给我开始写作业！”
- “写个作业有那么难吗？”
- “不写完作业，今天就不许睡觉！”
- “你怎么一写作业就这么多事呢？”
- “再不开始写作业，明天老师又要点名批评了。”
- “磨磨蹭蹭的，不想写就别写了！”

要让孩子自觉开始写作业不是一件容易的事情，在和孩子对话的时候需要技巧。要使孩子明白写作业是自己的事情，提高孩子写作业的积极性，我们可以这么说：

- “现在你来决定，几点钟开始写作业呢？”
- “你想不想检验一下，课堂上的知识有没有学会呢？”
- “和爸爸 / 妈妈说说，你是不会做，还是不想做呢？”
- “你如果能早点儿写完作业，剩下的时间就可以随你自由支配啦。”
- “一味逃避是没有用的，如果你今天的作业完成不了，那么明天老师问起原因时，你就需要自己去面对了。”

场景 02 一味抱怨作业太多、太难

孩子总是说“作业太多了，根本不可能写完”“这些题目太难了，我一个也不会写”，并以此为托词来逃避写作业。而家长只会站在自己的角度想，觉得作业一点儿都不多也不难，于是高高在上地指责：

- “这有什么难的？稍微动点儿脑子就会写。”
- “我看你就是懒，不想写。”
- “不吃读书的苦，就要吃生活的苦！”
- “作业多也是为你好，不写作业成绩能提高吗？”
- “有你这抱怨的时间，作业早写完了。”

听到这些话，孩子会觉得家长根本不理解自己的难处。当孩子说作业太多、太难时，家长首先要接纳孩子的情绪并进行安抚，同时也应该给孩子提供适当的帮助。以下是给家长的话术建议：

- **“今天的作业是有点儿多呢，我们一起来规划一下，看看怎么样可以快点儿把它们‘消灭’掉。”**
- **“爸爸 / 妈妈会在你身边，你遇到困难的时候我可以帮助你，我们一起渡过难关。”**
- **“这个作业的最后完成期限就是今晚呢，我们一定要尽全力去完成哟。累的时候，我们可以休息一会儿。”**

场景 03 一写作业，课上学的全忘了

孩子学了就忘，看到题目不知道用什么知识去解决，一问三不知，再问九摇头。家长这时候逐渐失去耐心，可能会说：

- “你脑子进水了？什么都记不住！”
- “你上课认真听讲了没？是不是一直在玩？”
- “你要是再学不会，干脆别念了。”
- “干啥啥不行，你说你到底有什么用？”
- “整天就知道玩，一到学习上就不行！”

质问的方式很容易激起孩子的叛逆情绪，威胁的语气会给孩子带来巨大的恐慌，令其缺乏安全感。这种时候，家长应该和孩子共同寻找原因。下面是给家长的话术建议：

- **“今天的知识是有些难，但是你已经做得很棒啦，剩下的我们一起来把它弄明白吧。”**
- **“你看起来不太开心呀，是因为书本上的题目答不上来吗？别着急，爸爸 / 妈妈相信你一定可以的！”**
- **“你是在课堂上遇到了什么困难吗？愿意和爸爸 / 妈妈讲一讲吗？”**
- **“别担心，很多小朋友也会碰到像你一样的情况。我们先复习一遍今天学习的内容，然后找到正确的方法，就会轻松很多啦。”**

场景 04 稍微难一点儿的题就懒得思考

在写作业的时候，有些孩子一分钟喊一次家长，一个题目看一眼就说不会，要家长讲解。这时候家长很容易不耐烦，说一些过激的话：

- “你不会自己先想一下吗？”
- “到底是你的作业还是我的作业？全都要我来教。”
- “平时没见你喊‘妈’，一写作业就一直‘妈妈妈’个没完。”
- “叫我干吗，你自己在学校没有听讲吗？我不在家，你作业就写不下去了？”

不管三七二十一就批评，会让孩子觉得家长只关心自己的成绩，根本不爱自己。家长应消化和调整好自己的情绪，心平气和地和孩子对话。下面是给家长的话术建议：

- **“你需要爸爸 / 妈妈提供什么帮助吗？”**
- **“这个题是有点儿难呢，不着急，慢慢来。”**
- **“你在作业上遇到困难了呀，你对这个问题是怎么看的呢？我们一起来想办法。”**
- **“我发现你已经很接近正确答案了呢，看看是不是哪一步有差错。”**
- **“爸爸 / 妈妈很愿意帮助你，但是希望你先独立思考一下，试着自己解决。”**

场景 05 做题不会举一反三

多数 12 岁以下儿童的思维还不发达，灵活性也很差。做题时往往只知道生搬硬套，题目有一点儿变化就不会写了。这时候家长很容易站在成人的视角批评和指责孩子，常常会这么说：

- **“你怎么一点儿都不知道变通啊？你脑子不会转吗？”**
- **“你真是要气死我了，这个题目和你做过的那个题目不就是换汤不换药吗？”**
- **“你真是个死脑筋，没人能教得了你。”**
- **“别人都会写，就你不会写。”**

质问、挖苦和贬低，都会给孩子的心灵造成巨大创伤，会大大打击孩子的自信，而且会让孩子误以为家长根本不爱自己，只知道让自己写作业。下面是给家长的话术建议：

- **“我们一起来看看，这个题目是不是可以从不同的角度入手呀。”**
- **“这种解题方法很好，宝贝，要不要试着想想有没有更简单的解法？”**
- **“这个题目一直做不出来是吗？要不我们先看下一个题目，回头再来看这个题目的时候说不定就有思路了。”**
- **“宝贝，爸爸 / 妈妈知道这些知识你都已经学会了，你想想该怎么运用会更好呢？”**

场景 06 写作业糊弄，不在乎对错

孩子答题的时候，直接写两个大字“不会”，字写得歪歪扭扭等情况会让家长怒火中烧，想到自己的辛苦付出却换来孩子对学习糊弄了事的结果，家长可能会愤怒地说：

- **“你就不能认真点儿吗？”**
- **“你这就是在浪费时间，浪费我的钱。”**
- **“你是不是想挨骂了？”**
- **“你脑子是用来干什么的？”**
- **“我受不了了，你自己看着办吧。”**

孩子写作业糊弄，用无所谓的态度对待学习，这是比较严重的问题。小学是养成良好学习习惯的关键期，家长应该用正确的方式和孩子沟通，下面是给家长的话术建议：

- **“你作业写这么快，是接下来有什么其他的事情吗？”**
- **“我发现你的作业都没有认真写呢，你能和我说说这是为什么吗？”**
- **“写作业可以加深对知识的理解和记忆，是很重要的。你下一次不能这样了，要认真完成哟。”**
- **“你是个很聪明的孩子，爸爸 / 妈妈相信你，只要你用心，作业肯定可以完成得很棒！”**

场景 07 很简单的题目也是一错再错

辅导作业过程中，让家长崩溃的瞬间之一：不论怎么讲解，孩子还是听不懂，简单的题目也一错再错。不乏有家长在辅导孩子作业的时候会被气哭，被气到血压飙升。这时候，家长往往会说一些伤害到孩子的话：

- “你怎么这么蠢？这么简单的题目也不会。”
- “我都讲了一百遍了，你到底有没有在听？！”
- “我是教不了你了，谁能教让谁教去吧！”
- “你这样长大了能干什么？”
- “你真不是读书的料。”

面对简单的题目，孩子依旧会做错，会令家长十分生气，但这也是有原因的。家长在这个时候应该控制住自己的情绪，尽量以平和的语气和孩子沟通。以下是给家长的话术建议：

- “你可以和我说说，你做题时的思路吗？”
- “是不是太着急了呢？我们可以慢慢来的。”
- “爸爸 / 妈妈小时候也是这样。别灰心，我们一起来找一找原因吧。”
- “总是在同一个地方犯错是很让人沮丧，但是没关系，我们改过来就好了。”
- “这里错的是同一个知识点对应的题目呢，你能和我说说，你是怎么理解这个知识点的吗？”

场景 08 对预习、复习消极逃避

很多孩子嫌麻烦，认为只有需要动笔完成的题目才是作业，而预习、复习都是不必要的。孩子对预习、复习的消极情绪，可能会让家长在冲动之下说出下面这些话：

- **“这都是为了你好，你还不愿意！”**
- **“老师都说了要预习、复习，你怎么就是不听呢？”**
- **“你别跟我废话，现在就预习 / 复习去！”**
- **“爱学不学，我是懒得管你了。”**
- **“你怎么这么懒呢？凡是和学习沾边的事都不愿意做，跟要你命一样。”**

合适的表达方式，可以让沟通达到事半功倍的效果。想要不给孩子压力，还能让孩子开开心心地去预习、复习，家长可以借用下面的话术：

- “宝贝，你不愿意预习 / 复习是因为累了吗？我们休息一会儿再继续好吗？”
- “你是个听课很认真的孩子，爸爸 / 妈妈相信你同样可以把预习和复习做好。”
- “你可以和爸爸 / 妈妈说一说你为什么不想预习和复习吗？”
- “预习可以让你上课的时候更轻松，及时复习的话，知识就不容易忘。所以它们也是作业中很重要的一部分呢。”

第二章

起床困难，出门事多

一天中，家长和孩子的第一场“拉锯战”便是起床。孩子找遍各种理由，想尽各种办法不起床。好不容易起床了，又通过不吃早餐、拖拉、发脾气和装病等方式逃避上学。早上的时间尤其宝贵，孩子迟到会被老师批评，家长迟到要被扣工资。因此，家长情急之下会说出一些伤害孩子的话。

孩子的状况层出不穷，家长该如何应对呢？孩子这些行为背后的原因又是什么呢？这时，怎样的沟通话术才是正确有效的呢？

场景 01 起床难上天

每天早上，孩子起床难上天。家长一边要叫孩子起床，一边要给孩子准备早餐。叫了几次后，看到孩子竟然还赖在床上不肯起，这时家长肯定气不打一处来，会说一些冲动的话：

- **“叫你好几遍了，你怎么还不起？”**
- **“晚上不睡觉，早上睡不醒？”**
- **“你快起床，再不起床我就要动手了！”**
- **“我真是操碎了心，你起个床怎么就这么费事？”**
- **“上学是你的事，还是我的事啊？一天天的，总是叫不动。”**

仔细想想，对于尚未发育成熟的孩子来说，按时起床并不是一件容易的事情。在这个时候，家长换种方式表达，就可以成功叫醒“起床困难户”：

- “起床啦，快来尝尝我今天为你精心准备的早餐。”
- “宝贝，闹钟响了呀，我们约定的起床时间到啦。”
- “小懒虫，太阳晒屁股啦。快来看看，今天天气一级棒！”
- “我已经看见你的眼睛在动啦，看，嘴巴还在笑。你肯定已经睡够啦，快起来迎接新的一天吧。”

场景 02　不想吃早餐

早餐关系着孩子的身体健康和一上午的学习效率。家长精心为孩子准备了早餐，孩子却不领情。此时，家长会因担心孩子的身体健康而心情急躁，说出一些气话：

- “你今天不吃也得吃！”
- “这都是为了你的身体好，你就不能让我省点儿心吗？”
- “你不吃早餐，以后不仅长不高，还容易得胃炎。”
- “我都辛辛苦苦做好了，你吃几口有那么难吗？”
- “你今天不吃完早餐，以后零食就别想吃了。”

一家人共进早餐本来是一件很温馨的事，可这些气话一旦说出口，家长和孩子都会很气愤，觉得对方不理解自己。下面是给家长的话术建议：

- “今天有你最喜欢的煎鸡蛋呢，你不想试试吗？”
- “你不想吃早餐，是因为没有你爱吃的吗？”
- “你今天怎么了？没有胃口吗？”
- “你先尝一口，看看好不好吃。”
- “来吃早餐吧，吃完我们一整天都可以活力满满呢。”
- “你是担心上学迟到吗？爸爸 / 妈妈计算好了时间，安心吃，不会迟到的。”

场景 03 出门前磨蹭

家长好不容易把孩子叫起床，吃完早餐，临出门孩子又磨磨蹭蹭。这对于早上着急送孩子上学，再赶去上班的家长来说，简直令人崩溃。此时，着急的家长可能会说：

- **“你怎么这么慢？马上就要迟到了。”**
- **“快点儿快点儿，你在那里磨蹭些什么？”**
- **“你再不快点儿我就自己走，不管你了。”**
- **“蜗牛的速度都比你快！”**
- **“你收拾完了没？给我快点儿。”**
- **“你能不能快点儿，等你半天了。”**

孩子年纪小，时间观念比较薄弱，难免会磨磨蹭蹭。家长这时候不要暴躁地催促孩子，要给予孩子足够的耐心。下面是给家长的话术建议：

- “你可不可以加快一点儿速度呀？马上要迟到了，爸爸 / 妈妈很着急呢。”
- “还有五分钟就到八点了，我们需要在八点前出发，你要快一点儿哟。”
- “你还需要几分钟准备好呢？爸爸 / 妈妈在等你呀。”
- “快点儿呀，不然待会儿迟到了，你要自己承担后果哟。”
- “昨天我们约定好了八点前出发的，你要遵守约定哟。”

场景 04 出门前发脾气

孩子不想上学，出门前发脾气。有的家长被闹得没办法，会选择满足孩子的要求。有的家长一听到孩子哭闹就会大发雷霆，说一些伤害孩子的话：

- “你哭也没有用，该去学校还是得去。”
- “你不想上学，我还不想上班呢！”
- “你一天天的就知道发脾气。”
- “你不许再发脾气了，再闹我要打你了。”
- “别以为我不知道，你哭就是因为不想去上学。”

孩子哭闹着不想去上学，作为家长，这时不应该生气和指责，而是要第一时间接纳孩子的情绪，了解孩子内心的想法和感受。下面是给家长的话术建议：

- **“看见你哭，爸爸 / 妈妈很心疼，你能和爸爸 / 妈妈说说为什么哭吗？”**
- **“轩轩是你的好朋友，对吗？你想不想快点儿去学校和他分享你的故事书呀？”**
- **“还记得吗？我们约定好了要按时去上学的，我们要做一个信守承诺的好孩子。”**
- **“你现在好好去上学，爸爸 / 妈妈准备好吃的等你回来一起吃，好吗？”**

场景 05 假装身体不舒服

特别说明：该篇内容适用于家长已经识破孩子是在装病，情况无法明确识别时建议及时就医。

一到上学时间，孩子就说身体不舒服。家长一番紧张之后，发现孩子原来是在装病。这时家长难免会情绪失控，对孩子说出一些不合适的话：

- “你装什么装，快给我起来去上学。”
- “你就不能学点儿好吗？就知道想法子骗我。”
- “你能不能对学习上点儿心，让我省省心呀！”
- “你真是没救了，这么小就知道骗人了。”
- “我辛辛苦苦挣钱让你接受好的教育，你却在这儿给我装病。”

面对孩子装病欺骗自己的行为，家长肯定会生气。但是家长要想想孩子为什么不敢直接表达自己的诉求，而是通过装病的方式消极逃避。这时候，家长如果指责、挖苦孩子，容易让孩子变得叛逆。下面是给家长的话术建议：

- **“爸爸 / 妈妈感觉你没有生病呢，你能说说你为什么说自己身体不舒服吗？”**
- **“爸爸 / 妈妈给你变一粒药（糖果或其他零食）出来，你吃完立马就能好啦。”**
- **“你要是真的觉得不舒服，爸爸 / 妈妈就打电话给老师请假，然后带你去医院看医生。”**
- **“是不是最近太辛苦了呢？但是爸爸 / 妈妈希望你能坚持一下，周末爸爸 / 妈妈带你出去玩。”**

第三章 日常生活，问题百出

01 不爱收拾，房间一片狼藉

02 不爱运动

03 挑食偏食，营养不均衡

04 未经允许，私自拿他人物品

05 不主动向长辈问好

06 大人说话时，会在一边插嘴

07 沉迷于电子产品

08 爱撒谎

除去孩子在校时间，家长还有大量和孩子相处的时间。但是，这些本应该美好的亲子时光，有时候可能没有那么愉快。孩子不爱收拾、不爱运动、挑食偏食这些不良生活习惯让家长感到头疼；看到长辈不主动问好，大人说话时在一边吵闹，又会让家长觉得孩子不礼貌……

面对这些场景，我们通常会怎么说呢？什么样的话术才是正确的呢？孩子学习之外的习惯，我们又该如何去培养呢？

场景 01 不爱收拾，房间一片狼藉

孩子房间乱糟糟的，不仅会影响生活的舒适度，而且还会影响学习的专注度。家长看到如此混乱的场景，常常会说一些不恰当的话：

- **“你要再这样，我要生气了。”**
- **“你这房间也太乱了吧。”**
- **“你这房间乱得我都不想进来。”**
- **“昨天刚给你收拾的，怎么又乱成这样了？”**
- **“你这房间简直不是人住的。”**
- **“你就不能整理一下自己的房间吗？以后我不在你身边，你怎么办？”**

表达气愤的话语说出口，虽然家长的情绪暂时得到了释放，但是孩子的行为依旧，甚至还会嫌家长烦：一天到晚就知道唠叨。下面是给家长的话术建议：

- “你有没有觉得你的房间有一点儿乱呢？”
- “我们一起来整理一下房间吧，你来安排，怎么样呢？”
- “想象一下，如果这个房间变得干净整洁了，是不是更舒服呢？”
- “收拾房间看似‘浪费’时间，但是待在干净整洁的房间里面，学习的效率可以大大提高，休息起来也会更舒服呢。”

场景 02 不爱运动

家长看见孩子不爱运动，心里很着急。大家都知道适当运动对身体好，对发育中的孩子来说更是如此，而运动对于发胖的孩子尤为重要。所以，家长情急之下可能会说出这样的话：

- **“看看你都胖成什么样了？就知道躺着。”**
- **“睡了吃，吃了睡，你也不知道出去运动运动。”**
- **“马上给我去运动！”**
- **“猪都比你勤快，你这么懒不会有出息的。”**
- **“没见过比你更懒的人了！”**

想要孩子心甘情愿地去运动，家长不能采取批评、打压、嘲讽等方式。这会伤害孩子的自尊，打击孩子的信心，使其更加不愿意运动。下面是给家长的话术建议：

- “我待会儿要去运动了，你想一起吗？”
- “运动对我们的身体有很多好处，你觉得呢？”
- “爸爸 / 妈妈喜欢跑步，你喜欢什么运动呢？”
- “运动时间到！我们要出发喽。”
- “你先试着运动一次，爸爸 / 妈妈保证你能感受到运动的快乐。”

场景 03 挑食偏食，营养不均衡

孩子吃饭挑食，没有自己爱吃的时就垂头丧气，这很影响孩子的身体发育。同时，因为家长最关心的就是孩子营养的全面性，所以这时候家长可能会使用一些不正确的话术：

- **“你不能只吃肉，也要多吃蔬菜。”**
- **“你只吃这么一点儿怎么行？以后长不高了。”**
- **“让你好好吃饭真难。”**
- **“你不吃拉倒，待会儿饿了也没得吃了。”**
- **“你就是没被饿过才这么挑，我们小时候想吃还没得吃。”**

为了让孩子好好吃饭，营养均衡，家长应该分析孩子的心理，用孩子能听懂、也愿意接受的语句和孩子对话。下面是给家长的话术建议：

- **“你尝一口，今天这个生菜也很好吃呢。”**
- **“我们来个小比赛，每个人装上菜，看看谁吃得最干净。”**
- **“你先吃一点儿蔬菜，然后爸爸／妈妈给你吃肉。”**
- **“你只有好好吃饭，才能更有力气保护自己呀！”**
- **“今天的青菜你不爱吃，是吗？那你喜欢吃什么蔬菜呢？明天我们一起去超市看看，好吗？”**

场景 04 未经允许，私自拿他人物品

偷东西是比较严重的错误行为。家长在发现孩子未经允许就拿了他人的东西时，第一反应肯定是发火，难以控制自己的情绪，并大声质问孩子：

- **“你是不是偷拿东西了？”**
- **“家里少你吃、少你穿了吗？”**
- **“你为什么要做一个小偷？”**
- **“快说，你把钱拿去干什么了？”**
- **“你偷东西的行为让我觉得太丢人了。”**

孩子的行为可能只是无心之举，家长的这些话会让孩子觉得委屈并感到生气。为了让孩子意识到自己的错误，并接受家长的教诲，家长可以使用下面的话术：

- “你最近缺了什么东西，可以告诉爸爸 / 妈妈吗？”
- “如果别人不经允许就拿了你的东西，你有什么感受呢？”
- “不经过别人同意就拿别人的东西是不对的。我们以后不这样了，可以吗？”
- “宝贝，只要你的需求是合理的，和爸爸妈妈说，我们都会同意的。”

场景 05 不主动向长辈问好

有些家长在看到孩子不给长辈打招呼时，会感到很生气，认为孩子不懂礼貌，还有可能会当着外人的面训斥孩子，说一些让孩子很难堪的话：

- “你看到长辈都不知道叫人的吗？”
- “你这样的话，没人会喜欢你的。”
- “打招呼呀，真没礼貌！”
- “你不会说话吗？快向长辈问好。”
- “你都多大了，还不知道主动向长辈打招呼吗？”
- “不是和你说过，碰到长辈要主动打招呼吗？”

有些家长会认为孩子还小，不懂事，所以当着外人的面训斥孩子。其实很小的孩子就有自尊心，而且非常脆弱，家长应该好好呵护。下面是给家长的话术建议：

- **“刚刚看到长辈你没有打招呼，是因为不好意思吗？”**
- **“今天家里的客人你是第一次见，我来给你介绍一下。”**
- **“面对长辈你感到紧张是吗？没关系，爸爸 / 妈妈和你一起去问好。”**
- **“你是因为害羞而没有同长辈打招呼吗？没事的，我们下次记得打招呼就好了。”**
- **“爸爸 / 妈妈小时候也和你一样，和人打招呼的时候会觉得害怕和紧张。后来爸爸 / 妈妈克服了恐惧，发现这也没有那么难呢。”**

场景 06 大人说话时，会在一边插嘴

家长和客人聊天时，孩子总是想加入进来，或许是因为家里有人来了，孩子很兴奋，急着想说些什么。孩子插嘴会使家长感到尴尬，说出一些不合适的话：

- “大人说话的时候别插嘴！”
- “你怎么这么烦啊，总是在大人聊事情的时候插嘴。”
- “你自己玩去，我们大人聊正事呢。”
- “你怎么这么不懂礼貌啊，老是插嘴。”
- “我是不是和你说过，大人聊天的时候不能插嘴。”

家长在人多的时候以不恰当的方式和孩子对话，孩子即便已经知道自己错了，但是出于自尊心，他可能不愿意承认错误。下面是给家长的话术建议：

- “爸爸 / 妈妈正在和客人聊很重要的事情，等我们聊完之后再听你说，可以吗？”
- “如果你和朋友在聊天的时候，爸爸 / 妈妈一直在旁边打断，你是什么心情呢？”
- “打断别人说话是十分不礼貌的行为呢，你可以先安静地坐在一边听。等我们聊完了，再邀请你加入，好吗？”
- “宝贝，你有什么急事要和爸爸 / 妈妈说吗？这时候，你可以先等大家把这句话说完，这样才更礼貌呢。”
- “宝贝，我知道你有话想说，稍等一下，五分钟后爸爸 / 妈妈就来陪你。”

场景 07 沉迷于电子产品

现在是信息时代，人们使用手机、电脑等电子产品的频率大大提高。可是家长看到孩子整日沉迷于电子产品，不由得感到焦虑，说些伤害孩子的话：

- “都几点了，还在看电视？”
- “你对学习要是有玩手机这么上心就好了。”
- “我看你都钻进电视 / 手机里了。”
- “别玩了，再不睡觉明天上课没精神。”
- “这电视有什么好看的，太无聊了。”
- “每天浪费这么多时间在这些事情上，你把这些时间用来学习多好。”

使用粗暴的语言，直接拿走手机、关掉电视等，均不利于让孩子摆脱沉迷。相反，这会让孩子对家长的话免疫，产生逆反心理。下面是给家长的话术建议：

- **“看电视 / 玩手机时间只剩五分钟了呢，时间到了你就要去洗漱睡觉啦。”**
- **“电子产品看太久，会伤害眼睛，现在我们去做点儿别的事情吧。”**
- **“你还想再玩一会儿是吗？那你再玩五分钟我们就结束，可以吗？”**
- **“我们约好了每天看半小时电视，爸爸 / 妈妈已经定好闹钟啦。闹钟响了，我们要遵守约定关掉电视啦。”**
- **“今天的天气很好呀，你想不想放下手机和爸爸 / 妈妈一起出去玩呢？”**

场景 08 爱撒谎

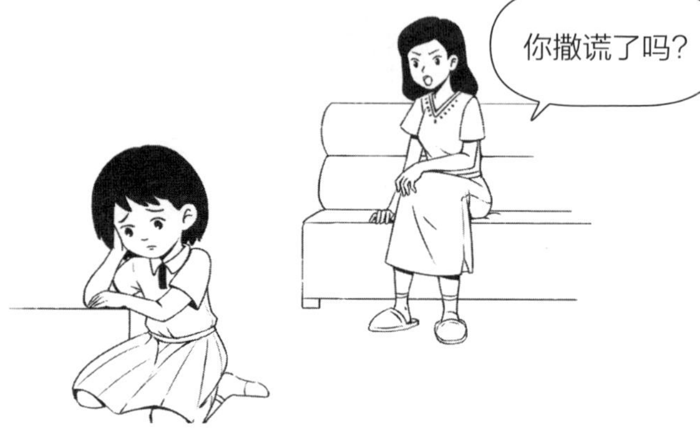

发现孩子撒谎，有的家长会立刻火冒三丈，并且在不了解具体原因之前给孩子贴上“撒谎精”的标签，通过质疑和指责的方式发泄怒火。这时候有些家长通常会说:

- “你怎么学会撒谎了？”
- “再给你一次机会，你到底有没有撒谎？”
- “明明没写作业，为什么说写了？”
- “你再撒谎，我就要打你了。”
- “你以为你骗得了我吗？”
- “小小年纪就撒谎，以后可怎么办？”

要想好好教育孩子，家长首先应该做到情绪稳定。家长可以有负面情绪，但是要通过孩子可以接受的方式来表达。要引导孩子不再撒谎，家长可以使用以下话术：

- “你告诉爸爸 / 妈妈真相，爸爸 / 妈妈不会惩罚你的。”
- “你可以和爸爸 / 妈妈说说，你为什么不说实话吗？”
- “你是因为害怕才选择撒谎的吗？”
- “撒谎是很不好的行为，我们以后不撒谎了好吗？”
- “爸爸 / 妈妈相信你，经过这次错误之后，你会改正的。”
- “发现你撒谎，爸爸 / 妈妈有些不开心，可以告诉爸爸 / 妈妈你为什么要这么做吗？”

第四章

老师来电，情绪崩溃

01 在学校没有朋友

02 在学校参加不良小团体

03 上课传纸条

04 上课和同学讲话

05 成绩下滑

06 爱管“闲事”

07 喜欢说脏话、不恰当的网络语言

08 逃课

孩子在学校的各方面表现都牵动着家长的心，家长最怕收到老师的特别“关心”。这些问题集中体现在孩子的社交和学习两个方面：在学校没有朋友或是参加不良小团体，上课传纸条、讲话，成绩下滑，等等。这一切都需要家长来处理。

伤害孩子的言语是不可取的，那么在遇到上述情况时，家长可以用些什么话术呢？为什么会在孩子身上出现这些现象呢？家长又该如何改变孩子的不当行为呢？

场景 01 在学校没有朋友

当家长听到老师反馈孩子在学校不合群时，一方面会心疼孩子的处境；另一方面又会下意识地认为是孩子自身有问题，不由得会对孩子说些过分的话：

- “老师怎么说你在学校里面没朋友啊？”
- “你是不是太内向了，都不敢和别人说话？”
- “你在学校里面是不是很招人讨厌呀？”
- “怎么你不仅学习不太行，和别人交朋友也不行？”
- “换作是我，我也不愿意和你这样的人玩。”

孩子在学校没有朋友，会感到孤独。这一类孩子可能本身内心就比较敏感、细腻，需要家长的细心呵护和不断鼓励。家长不应该给孩子贴上“太内向”“招人讨厌”等标签，也不要否定和打击孩子。下面是给家长的话术建议：

- “你喜欢学校的集体生活吗？为什么呢？”
- “你在学校有交到朋友吗？在学校开心吗？”
- “你怎么看待交朋友这件事情呢？”
- “在很多人的场合或者和陌生人说话的时候，你会感到紧张吗？”
- “你在学校里面有想交的朋友吗？需要爸爸 / 妈妈的帮助吗？”

场景 02 在学校参加不良小团体

当听到老师反馈孩子在学校搞小团体时，家长会怒不可遏，担心孩子在小团体中会影响学习，并一下子联想到孩子长大之后变成不良青年的模样。家长激动之下会说出一些不合适的话：

- “你小小年纪就知道搞小团体欺负人了啊！”
- “你都是从哪里学来的这些坏毛病？”
- “照你这样下去，长大了肯定要被警察抓进去。”
- “你学习不上心，天天在这儿搞什么小团体呢！”
- “你就不能让我省省心吗？我辛苦地挣钱养你就已经够累了。”

回想小时候，我们都喜欢和朋友成群结队地玩。家长在听到老师说孩子在学校里面参加不良小团体时，不要急于否定和批评，先通过正确的话术进行引导：

- “听说你在学校有一个小团体呢，你们这个团体平时都做些什么呀？”
- “爸爸 / 妈妈听说你是一个团体里面的领导人物呢，你很棒，如果能借助小团体的力量去帮助他人就更好了。”
- “爸爸 / 妈妈要严肃地告诉你，任何时候都不能欺负比你弱小的人，要尽力去帮助他们。”
- “小团体往好的方向走的话，是可以发挥巨大作用的，但是如果是不好的团体，那就要想想怎么转变自己呀。”

场景 03 上课传纸条

家长听到老师说孩子上课不认真，爱传小纸条，会立刻觉得孩子的心思不在学习上，瞬间怒气冲冲，说出一些过激的话：

- “书上的知识你都会了吗？上课还敢传纸条？”
- “你怎么有那么多话要说？上课了还要和同学传纸条。”
- “你到底懂不懂规矩，上课要认真听讲，你不知道吗？”
- “你要是上课再传纸条，明天就别去学校了。”
- “你要是所有题目都能写对，你不上课都行！”

孩子的注意力远不如成人集中，同时自制力又较差，容易被各种事物分心。遇到这种情况，家长应该以平常心对待，用正确的话术进行引导:

- “老师说你今天上课表现不太好呢，你可以说说发生什么了吗？”
- “上课传纸条是不对的，不仅影响自己听课，还影响其他同学学习。”
- “课堂是老师上课、同学们学习知识的地方，你不可以做和课堂无关的事情。如果有急事可以举手找老师。”
- “没关系，偶尔犯错，爸爸 / 妈妈和老师都会原谅你，但是你下次就要改正哟。”

场景 04 上课和同学讲话

当听到老师反馈孩子上课总和同学讲话时，家长一方面会感到生气，另一方面会因孩子在学校表现不好而难为情，继而无法控制自己的情绪，会大声训斥孩子：

- **“你今天是不是上课一直在和同学聊天？”**
- **“你太让我生气了！”**
- **“你成绩那么差，上课不好好听讲，还去和同学讲话？”**
- **“你上课和同学有什么好聊的呢？下课的时间还不够你们聊吗？”**
- **“听到老师说你上课不认真、爱讲话，这让我觉得太丢人了。”**

孩子上课讲话不仅会导致自己遗漏知识点，也会影响其他同学听课。家长应针对孩子的这一行为进行正确的引导，下面是给家长的话术建议：

- “你上课和同学讲话，是有什么急事吗？”
- “你能和爸爸 / 妈妈说说你上课在和同学聊什么吗？”
- “一次犯错并不可怕，我们相信你一定可以改正的。”
- “上课讲话是非常影响学习的呢，也会打乱老师上课的节奏。”
- “你想一下，如果你在认真听讲的时候，听到身边的人在讲话，是不是也会感觉到被打扰了呢？”

场景 05 成绩下滑

孩子成绩下滑是每个家长都不愿意听到的事情。听到后，家长内心会焦虑恐慌，甚至担心孩子的未来。虽然是出于爱和担心，但家长在和孩子沟通时，容易使用一些错误的话术：

- **“你这段时间干吗去了？成绩下滑这么多。”**
- **“你平时就知道玩，成绩肯定好不到哪里去。”**
- **“你成绩下滑这么多，对得起老师和家长吗？”**
- **“成绩最能说明问题，你最近在学习上肯定偷懒了！”**
- **“叫你好好学你不听，现在成绩下滑了，哭也没有用！”**

成绩下滑，孩子自己也会感觉到难过和焦虑。家长应该第一时间安抚孩子，再帮助孩子寻找成绩下滑的原因，找到解决办法。下面是给家长的话术建议：

- **“你心里肯定也很难过吧？付出了那么多努力，成绩还不理想，你愿意和爸爸 / 妈妈聊聊你的想法吗？”**
- **“你的努力爸爸 / 妈妈都看在眼里，成绩下滑肯定有别的原因。你最近在学习上有遇到什么困难吗？”**
- **“这只是一件小事，你不用担心。爸爸妈妈都不会责怪你，我们相信你是个善于总结的孩子，下次一定可以进步。”**
- **“爸爸 / 妈妈看了你的试卷，很多题是不小心写错的。下次我们再细心一点儿，好吗？”**

场景 06 爱管“闲事”

收到老师反馈，孩子在学校大事小事都会管，并喜欢事事报告老师时，家长会担心：孩子过度关注别人，是不是没有时间和精力专注于自己的事？为了阻止孩子管“闲事”，有的家长可能会厉声指责孩子：

- **“你怎么这么爱多管闲事啊？你管好自己就行了。”**
- **“你这样做，迟早会被老师和同学嫌弃的。”**
- **“只有坏孩子才会在背后告状。”**
- **“告密是小人才会做的事情，你这么做不觉得丢脸吗？”**
- **“有时间关心别人做了什么去告状，不如多花点儿时间在自己的学习上。”**

家长以为严厉的语言可以阻止孩子管“闲事”。其实，这样起到的作用并不大。家长应该对症下药，用正确的话术和孩子沟通：

- **“如果你的同学知道你在背后告他的状，他会很伤心的。”**
- **“你来想一想，如果你的同学在老师面前告你的状，你是什么感受呢？”**
- **“爸爸 / 妈妈知道你找老师说明情况是为了维护老师制订的规章制度，但是有没有更好的办法呢？”**
- **“你下次遇到这种情况的时候，可以自己先尝试帮助你的同学纠正行为。如果还不行的话，再请老师帮忙。”**

场景 07 喜欢说脏话、不恰当的网络语言

当家长听到老师反馈孩子在学校说脏话或频繁使用网络语言时，大多会生气。有些家长甚至会严厉批评孩子，说出一些过分的话：

- “你到学校是去说脏话的，还是去学习的？”
- “你怎么又说脏话，屡教不改！”
- “不是和你说过不能乱说话吗？”
- “你一天天在网络上乱学什么话？”
- “你这样不文明的人，没人会愿意和你玩的。”

如果家长用上面的质疑、批评甚至威胁的方式和孩子交流，很有可能会使孩子产生反叛心理。下面是给家长的话术建议：

- “说脏话是解决不了问题的，还会伤害同学之间的感情。”
- “爸爸 / 妈妈知道你是个好孩子，能和爸爸 / 妈妈说说你为什么要这么说吗？”
- “面对冲突的时候，我们有更温和的方式去解决对不对？如果你一个人解决不了，可以请老师帮忙的。”
- “网络内容有好有坏，我们要学会辨别，要做一个好孩子，不能乱学哟！”

场景 08 逃课

逃课在家长眼里是件无法接受的事情。上课期间，孩子私自外出不仅严重违反了学校的纪律，而且是很危险的行为。家长在暴怒之下可能会说：

- **“你现在越来越无法无天了，还知道逃课了？”**
- **“你快说，你逃课去干什么了？”**
- **“你知道逃课有多危险吗？万一出意外了怎么办？”**
- **“你这逃课是和谁学的？”**
- **“你还读不读书了，这么想逃课的话干脆别读了！”**

得知孩子逃课，家长在气愤的同时，心里更多的是担忧。但如果口不择言，说些质问、说教的话，孩子只会觉得家长丝毫不关心、不理解自己。下面是给家长的话术建议：

- **“听说你今天没去学校上课，爸爸 / 妈妈很担心你，你能和爸爸 / 妈妈说说你逃课去干什么了吗？”**
- **“爸爸 / 妈妈不怪你，但是可不可以告诉爸爸 / 妈妈，你今天为什么逃课呢？”**
- **“知错能改是好孩子。爸爸 / 妈妈希望你能遵守学校的规定，按时上下课。”**
- **“每个人都会感到疲惫，你下次再有这种想法的时候，可以先告诉爸爸 / 妈妈，我们一起来看看该怎么办。”**

第五章

表现优异，回应不当

01 考试得“A”

02 在文体活动中获奖

03 老师夸奖孩子

04 帮助他人

05 主动做家务

06 被亲友称赞

过去的打击式教育已经被证实是不科学的，那样只会使孩子变得更不自信。孩子需要得到肯定和鼓励，家长应抓住每一个可以鼓励孩子的机会，帮助孩子建立信心。孩子考试得“A”、在文体活动中获奖、被老师夸奖、帮助他人、主动做家务和被亲友称赞等，这些都是绝佳的机会。

什么样的鼓励是正确的，什么样的鼓励效果不佳？家长应该怎么鼓励孩子呢？

场景 01 考试得“A”

对孩子来说，在学习中最有成就感的事就是得到老师、家长的认可。当孩子取得好成绩时，家长若不加以鼓励，孩子就容易失去学习的动力。下面是家长常用的一些错误话术：

- “得一次‘A’有什么可兴奋的，你能次次得‘A’吗？”
- “别骄傲，小心下次考试又退步了。”
- “虽然这次考得还可以，但是还有很大的进步空间。”
- “下次也得‘A’再来我这儿表功。”
- “一次考试不能说明什么，你要继续保持。”

类似前面的话术，就像一盆冷水浇在头上，能瞬间浇灭孩子如火的学习热情。家长的正面反馈有助于维持孩子的学习动力，下面是给家长的话术建议：

- **“功夫不负有心人，你的努力得到回报啦！”**
- **“你这次进步竟然这么大，你是怎么做到的呀？”**
- **“太棒了！爸爸 / 妈妈为你感到骄傲，你肯定也付出了很多努力吧？”**
- **“做得好！你现在肯定很开心吧？爸爸 / 妈妈也为你取得了好成绩感到开心。”**
- **“快让爸爸 / 妈妈抱抱你！你做得太棒啦，爸爸 / 妈妈也要向你学习，努力向着目标前进。”**

场景 02 在文体活动中获奖

获奖说明孩子对某方面很感兴趣，付出了很多努力。有些家长只看考试成绩，认为孩子在其他领域获奖对学习成绩没有任何帮助，所以会说一些打击孩子的话。比如：

- “你得这个奖，考试可以加分吗？”
- “你要是考试考得好，我肯定更开心。”
- “这个奖是真的还是假的？知道的人多吗？”
- “你都能拿到的奖，肯定没什么含金量。”
- “你与其天天把心思花在这上面，还不如多花点儿时间提高学习成绩。”

兴趣是最好的老师。当孩子在自己感兴趣的某个方面得奖时，家长应该保护孩子在这方面的积极性，还可以帮助孩子将这股劲头迁移到学习上。下面是给家长的话术建议：

- **“哇！你很棒呀，说明你在这方面付出了很多努力呢。”**
- **“爸爸 / 妈妈很佩服你，能在感兴趣的领域闪闪发光，你可以和我讲讲你为什么喜欢它吗？”**
- **“恭喜你呀！把兴趣发展到特长，是一件不容易的事情呢，你做到了！”**
- **“太棒了！你能拿到这个奖，说明你有取得成功的独特方法，这种方法也可以运用到你的学习中哟。”**

场景 03 老师夸奖孩子

当孩子向家长分享被老师夸奖的喜悦时，其实心里也希望能得到家长的认可。有些家长因为担心孩子骄傲自满，而选择用冷漠的话语回应孩子。常用的错误话术有：

- “老师是只夸了你一个人，还是全班人都夸了？”
- “老师对所有学生都是这么说的，你还当真了？”
- “被表扬一次就得意成这样了，你真容易骄傲。”
- “知道了，继续保持。”
- “被夸一次有什么了不起的，你学习成绩上去了再来我这儿炫耀。”

家长听到孩子被老师夸奖时，首先应该开心，对孩子表示认可；然后可以和孩子一起进一步分析为什么会得到老师的夸奖，以后要怎么做。下面是给家长的话术建议：

- “真的吗？老师夸了你什么呀？”
- “你肯定很开心吧！那你接下来打算怎么做呢？”
- “你是在哪些方面取得了进步呀？”
- “太棒了！你这么努力，值得这份表扬。”
- “爸爸 / 妈妈真为你感到开心，你在学校肯定表现得很好，继续加油呀。”

场景 04 帮助他人

孩子在学校帮助他人，有些家长会担心孩子因此耽误了学习时间，还有些家长会担心孩子是不是受欺负了，所以常常会说一些不恰当的话，比如:

- “这点儿小事算什么帮助他人啊。”
- “你还是多帮助帮助自己吧。”
- “为什么你要去收作业？其他同学不可以吗？”
- “你少管闲事，下课有时间多向老师请教问题。”

孩子乐于助人，说明孩子能够换位思考，体会他人的难处，这是值得被鼓励的，家长应该及时表扬。下面是给家长的话术建议：

- “你很棒呀！知道主动帮助他人呢。”
- “因为你的帮忙，同学肯定很开心吧。”
- “你懂得乐于助人，爸爸 / 妈妈很高兴呢。”
- “乐于助人是一种美好的品质，你要继续保持呀。”

场景 05 主动做家务

很多家长事无巨细，帮孩子包办一切事情。孩子表现出主动做家务的行为，有些家长可能会因为担心孩子做不好或怕耽误孩子学习而拒绝孩子的帮忙。家长可能会说：

- **“你别动！你来帮忙是越帮越乱。”**
- **“你做不好，别来添乱。”**
- **“你别动手了，我都快干完了。”**
- **“你有空帮我做家务不如去多看会儿书。”**
- **“你啥时候变这么乖了？”**

孩子开始主动做家务，家长应该抓住时机鼓励孩子。无论孩子做得好坏与否，家长都要通过正确的话术，让孩子感受到被需要、被肯定。下面是给家长的话术建议：

- **“太好啦！有人来做我的小帮手啦。”**
- **“一开始做不好没关系，爸爸 / 妈妈可以教你。”**
- **“你做家务很仔细呀，桌子被你擦得一尘不染呢。”**
- **“谢谢宝贝，有你的帮忙，爸爸 / 妈妈感觉轻松了不少。”**
- **“多亏了你，我们家现在焕然一新啦。”**

场景 06 被亲友称赞

家长听到亲友夸奖孩子时，有时候会出于想故意谦虚一下、担心孩子得意忘形等各种各样的考虑，而不好意思大大方方地接受亲友对孩子的赞美。家长在这时候常常会说：

- **“有人在才这样，他平时什么都不干的。”**
- **“我家这个没有你家的懂事，还是你家孩子好。”**
- **“他做事很勤快，就是学习不太行。”**
- **“你别夸他，他容易骄傲。”**
- **“哪里哪里，他还有很多需要学习的地方。”**

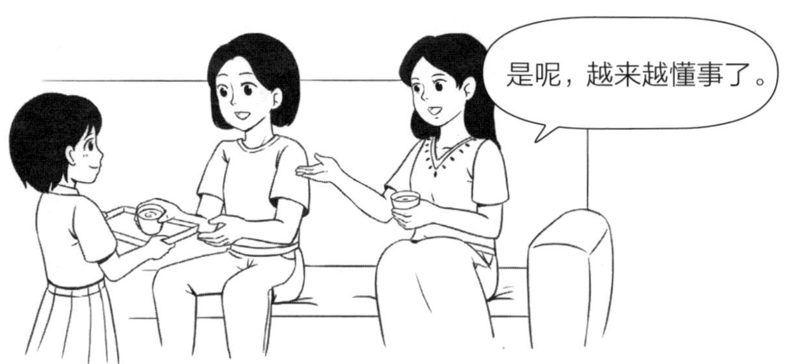

家长如果在亲友面前揭孩子的短，将孩子和别人比较，认为孩子还不够好等，会让孩子陷入十分尴尬的境地。家长应引导孩子多表现出好的行为。下面是给家长的话术建议：

- **“是呀，他现在就像个‘小大人’，越来越懂事了。”**
- **“他现在不仅听话、懂礼貌，在学习上也很用功呢。”**
- **“他现在各方面都变得更好了，学习上也更主动了。”**
- **“他一直在努力，现在有了进步，我们也为他感到开心。”**

第六章

日常社交，麻烦不断

01 结交“坏朋友”

02 兄弟姐妹之间闹矛盾

03 和朋友发生肢体冲突

04 不愿意分享

05 不愿与他人交流合作

06 盲目攀比

07 过度自卑

家长不仅要关心孩子的学习，还要关注孩子的社交。社交能力在适应社会的过程中很重要，一定程度上也会影响孩子的学习。在孩子平时的社交中，可能会发生以下情况：结交“坏朋友”，兄弟姐妹之间闹矛盾，和朋友发生肢体冲突，不愿意分享，不愿与他人交流合作，盲目攀比，过度自卑。

这时候，家长可能会说出哪些不合适的话呢？什么样的话术才有助于改善孩子的社交状况呢？怎么样才能让孩子拥有较好的社交能力呢？

场景 01 结交“坏朋友”

有些家长害怕孩子和成绩不好的同学在一起玩会使孩子学坏。所以，当发现孩子和所谓的“坏孩子”交朋友时，家长会忍不住说教。下面是常见的错误话术：

- “你以后不许和成绩不好的同学一起玩了！”
- “你和坏孩子一起玩，你也只会越变越差。”
- “只有坏孩子才会和坏孩子玩！”
- “你那个朋友，学习那么差。你和他一起玩，成绩能上去吗？”
- “你要和成绩好的同学一起玩，他们品学兼优。你的那帮狐朋狗友，成绩不好，品德也不好。”

家长粗暴地给孩子贴标签，指责孩子的朋友，要求孩子和“坏朋友”划清界限，是不合适的。家长应引导孩子自己思考而不是替孩子做决定。下面是给家长的话术建议：

- “你平时和你的好朋友都聊些什么，做些什么呀？”
- “你怎么评价你的朋友呢？”
- “你觉得什么样的朋友是‘好朋友’，什么样的朋友是‘坏朋友’呢？”
- “你的朋友是一个什么样的人呢？你喜欢什么样的人做你的好朋友呢？为什么呢？”
- “你注意到你的朋友有时爱说脏话吗？你怎么看待这件事情呢？你觉得你会受到影响吗？”

场景 02 兄弟姐妹之间闹矛盾

家长下班回到家要忙着做家务，此时，家里的孩子们却又打闹起来。本就身心俱疲的家长，可能会说一些气话。下面是家长常用的错误话术：

- **“你是怎么当哥哥的，就不能让着点儿妹妹吗？”**
- **“你们没有一刻是消停的，烦死人了！”**
- **“我真后悔死了，不该要小孩的。”**
- **“别人家的兄弟姐妹都和谐友爱的，你们怎么就天天掐架？”**
- **“你们俩怎么又吵起来了？天天为了一点儿小事吵来吵去的，有必要吗？”**

孩子之间有一些小摩擦是再正常不过的事情了，这时候家长武断地判断对错、说气话，都会给孩子的心理造成伤害。下面是给家长的话术建议：

- **“你们俩先安静一下，分别告诉我发生了什么，好吗？”**
- **“爸爸 / 妈妈希望你们遇到问题可以冷静地沟通，而不是吵起来。”**
- **“你们俩现在先冷静思考十分钟，想一想自己刚刚的行为有哪些不好的地方。”**
- **“我知道你们其实是很爱对方的，你们先抱一抱对方，好吗？”**

场景 03 和朋友发生肢体冲突

家长知道孩子之间发生肢体冲突后，生怕自己的孩子受到欺负，就急于指责其他孩子，或者给自己孩子贴上“好欺负”的标签。下面是家长常用的错误话术：

- “是 xxx 欺负你了吗？”
- “你以后不要和他玩了！”
- “谁欺负你了？我找他家长理论去。”
- “是不是因为你好欺负，所以他老是欺负你？”
- “他欺负你，你告诉老师了吗？”

孩子之间发生肢体冲突，家长应该先冷静下来，检查孩子有没有受伤，再弄清楚情况，然后用温柔的话语安抚孩子，而不是急于指责任何一方。下面是给家长的话术建议：

- “告诉爸爸 / 妈妈，你有没有哪里不舒服呀？”
- “你和爸爸 / 妈妈说说事情的经过，好吗？爸爸 / 妈妈记得你和他是好朋友呀。”
- “你现在是不是很难过呀？爸爸 / 妈妈很理解你的心情，大家在遇到这种情况的时候都会伤心的。”
- “你们两个人都有不对的地方。有没有比今天更好的方式可以处理你们之间的矛盾呢？”

场景 04 不愿意分享

家长看到孩子不愿意分享，会觉得生气和没面子，担心自己的孩子在别人眼里是个自私的人。这种情况下，家长很容易用一些错误的话术要求孩子分享：

- **“你不要太自私了，要和大家分享。”**
- **“你个‘小气鬼’，这样下去没人和你玩了。”**
- **“你还没玩够呀？给人家玩一会儿吧。”**
- **“你再这样，我就不喜欢你了。”**
- **“你不分享给别人，以后别人有好吃的、好玩的也不会分享给你。”**

在没有体会到分享的快乐之前，很少有孩子会心甘情愿地分享。家长应该引导孩子感受分享的快乐。下面是给家长的话术建议：

- **“这是你的东西，爸爸 / 妈妈尊重你的想法，你自己来决定要不要分享。”**
- **“你试着和你的朋友一起玩这个玩具吧，看看能不能发现新的玩法。”**
- **“爸爸 / 妈妈如果有一个好玩的玩具，会很愿意分享给你。因为看到你玩这个玩具很开心之后，我也会开心。”**

场景 05 不愿与他人交流合作

家长希望孩子能够主动与人沟通，懂得通过合作来取得成果。当家长看到孩子总是独自一人时，可能会因为担心而说出一些不恰当的话。下面是家长常用的错误话术：

- **“你是独行侠啊，从来不和别人交流。”**
- **“要懂得和他人交流，才能更好地学习。你不知道吗？”**
- **“你怎么从来不和别人交流啊？是不是因为不敢？”**
- **“你太内向了，做什么事情都是一个人。”**
- **“我怎么从来没看见过你主动和别人交流呢？”**

过激的语言，容易在孩子内心留下创伤，使孩子更不愿意和他人打交道。家长应该弄清楚原因，适时鼓励孩子。下面是给家长的话术建议：

- **“你可以告诉爸爸 / 妈妈，你为什么喜欢自己一个人做各种事情吗？”**
- **“爸爸 / 妈妈知道你内心也是很渴望与人交流合作的，你在这方面是遇到了什么困难吗？”**
- **“与他人交流合作可以学到很多东西，你下次愿意试试吗？看看自己有什么不一样的收获。”**
- **“在合作的过程中，你是不是不知道怎么与别人交流呢？如果需要帮助的话，爸爸 / 妈妈可以给你提一些建议呀。”**

场景 06 盲目攀比

在和同伴交往的过程中，孩子很容易产生攀比心理。看到别人有什么，自己也一定要有。在这种情况下，家长有可能会说一些不恰当的话，比如：

- **“你已经吃喝不愁了，怎么还想要这要那？”**
- **“你想要的话，自己挣钱买去，我挣钱容易吗？”**
- **“你别想了，我不会给你买的。”**
- **“天天就知道攀比，你懂不懂什么叫勤俭节约？”**
- **“别人有什么你也要有什么，你就不能和别人比比成绩吗？”**

孩子年纪小，心智不成熟，可能会因没有某个东西而感到失落。这时，需要家长耐心引导孩子。下面是给家长的话术建议：

- “你想想，除了‘别人有，我没有’的理由以外，这个东西还有其他吸引你的地方吗？”
- “在你们这个年龄有攀比心理是很正常的，但是我们要有主见，不能随波逐流哟。”
- “如果你的同学因为你没有这个东西而嘲笑你，其实是他们不对，我们要根据自己的需要，合理消费。”
- “如果你特别想要它，可以考虑用你自己的零花钱去买。但是，零花钱是有限的，宝贝你要做好计划哟！”

场景 07 过度自卑

家长看到孩子表现得不自信，发现不了自身长处，也不敢在人多的时候发言，心里总是又气又心疼。这时候可能会忘了顾及孩子的情绪，说一些不合适的话：

- **“你看起来好不自信啊，你就觉得自己那么差吗？”**
- **“你越是这样，越容易自卑。”**
- **“你这么自卑，在学校会不会被欺负？”**
- **“别人家的孩子都自信阳光，想不通你为什么会这样。”**
- **“你怎么人一多就不敢说话了？自信都去哪儿了？”**

自卑的孩子内心很敏感，家长一句不恰当的话，都可能会给他们内心带来巨大的伤害。这类孩子最需要家长的鼓励，下面是给家长的话术建议：

- **“爸爸 / 妈妈最了解你了，在爸爸 / 妈妈眼里，你是世界上最好的孩子。”**
- **“你和爸爸 / 妈妈聊一聊好吗？说说自己为什么在人多的时候不敢发言。”**
- **“每个孩子身上都有优点，爸爸 / 妈妈觉得你努力、善良，是很优秀的孩子。”**
- **“人都会有不自信的时候，我们在生活中慢慢积累自信就好啦。”**
- **“其实每个人都是不一样的，你不用追求处处和别人一样，可以多去发现自己身上的闪光点。”**

第七章 接娃放学，提问无方

01 “你今天在学校学了什么？”

02 “在学校有人欺负你吗？”

03 “今天老师批评了你什么？”

04 “你今天有没有犯错误？”

孩子不在自己眼前时，家长恨不得在孩子身上安装一个摄像头，时刻掌握孩子的情况。接孩子放学是了解孩子一天在校情况的好机会。但是不恰当的提问方式会让孩子觉得家长只关心学习，不关心自己在学校的感受，孩子一听到家长的提问，瞬间觉得无话可说。

什么样的话术会限制孩子的表达欲呢？正确的提问话术又是怎样的呢？

场景 01 “你今天在学校学了什么？”

接孩子放学时，家长会习惯性地问孩子学习情况，孩子可能也习惯性地敷衍回答。最后家长既没有了解到孩子的学习情况，也浪费了和孩子增进感情的宝贵机会。类似的话术有：

- “你今天在学校学得怎么样呀？”
- “你今天在学校学了什么呀？”
- “你今天学会了哪些知识呀？”
- “今天老师布置了什么作业呀？”
- “今天在学校学的东西，你都听懂了吗？”

放学对孩子来说是一件开心的事，这时候，如果家长的提问还是集中在学校的学习情况上，孩子就很容易产生厌烦情绪。下面是给家长的话术建议:

- **“你今天在学校过得开心吗？”**
- **“今天你们学校发生什么有趣的事情了吗？”**
- **“今天收获什么让你觉得有趣的新知识了吗？”**
- **“你今天在学校的心情和昨天比起来，有更快乐吗？为什么呢？”**

场景 02 “在学校有人欺负你吗？”

孩子之间发生一些小的摩擦是很正常的，家长应该相信孩子可以独立解决。总是在接孩子的时候直接问“有人欺负你吗？”这类问题，是不利于孩子在学校建立良好的人际关系的。类似的话术还有：

- “在学校有没有人嘲笑你？”
- “在学校有人欺负你吗？”
- “在学校有没有同学孤立你？”
- “在学校有没有同学故意不和你玩？”
- “你要小心那些成绩不好的同学，他们有没有欺负你？”

首先，家长带有引导性的提问，很容易影响孩子的思维和记忆，所以得到的回答不一定真实。其次，家长带有负面信息的提问，会让孩子觉得学校里面的人是危险的，自己时刻需要家长的保护。下面是给家长的话术建议：

- “今天在学校和同学们玩得开心吗？”
- “在学校里，你和哪些人是好朋友呀？”
- “今天课间你和你的朋友们玩了什么呀？”
- “你喜欢和什么样的人做朋友呀？”
- “你和你的朋友们，现在都喜欢些什么呀？”

场景 03 “今天老师批评了你什么？”

孩子听到家长问自己有没有被老师批评时，谈话的氛围会瞬间变得不愉快。家长的这种负面提问会打击孩子的自信，使亲子关系变得疏远。类似的话术还有：

- “是不是只有你被老师批评了？”
- “老师提的问题，你都答上来了吗？”
- “你上课有没有开小差啊？”
- “老师有没有说你作业完成得不够好？”
- “今天老师批评了你什么？”

家长的负面提问会使孩子对学校、老师和学习等产生消极情绪。家长可以多采用正面或开放式的提问方式与孩子交流，下面是给家长的话术建议：

- “今天的课，你上得开心吗？”
- “今天哪位老师表扬你了呀？”
- “今天老师表扬了你什么呀？”
- “今天课上发生了什么令你印象深刻的事情吗？”
- “今天有没有积极回答老师的提问呀？”

场景 04 “你今天有没有犯错误？”

家长总问孩子有没有违反纪律，这实际上是一个负面的提问，给孩子的感觉是“自己又违反纪律了”。长此以往，孩子容易自暴自弃。类似的话术还有以下几种：

- **“你在学校有没有不听话？”**
- **“你今天有没有被点名？”**
- **“你今天有没有欺负别人？”**
- **“你今天有没有犯错误？”**
- **“你今天上课做小动作了吗？”**

罗森塔尔效应表明，孩子能敏锐地感知到家长对自己的期望。若家长对孩子多几分信任，寄予其积极的期望，孩子更有可能往积极的方向发展。关于孩子在学校的纪律问题，家长可以换一种话术提问：

- “你今天在学校是不是表现得很好呀？”
- “你今天有没有做一些有趣的事情呀？”
- “你今天课间和同学们相处得开心吗？”
- “你今天上课的时候是不是和往常一样认真呀？”
- “你给自己今天在学校的表现打几分呢？”

第八章

出门游玩，沟通不畅

01 不愿意出去玩

02 什么都想买

03 出游时闹脾气

04 总是问问题

05 玩得不想回家

亲子出游，不仅可以让孩子学到知识，和大自然进行亲密的接触，还可以增进亲子关系，培养孩子开朗、乐观的性格。但这件事实施起来可能困难重重，比如孩子不愿意出去玩，出游时看见什么都想买，闹脾气，总是问问题或者玩得不想回家等。游玩的过程可能一地鸡毛，心情全被破坏，好事变坏事。

面对这些情况，家长一般会说哪些错误的话术呢？孩子为什么会出现这些状况呢？正确的话术又该如何表达呢？

场景 01 不愿意出去玩

孩子总是待在家里不利于身心健康的发展，家长希望孩子能多出门活动，不仅能强身健体，还能拓宽眼界。当孩子不愿意出去玩时，家长可能会说一些不合适的话：

- **“每天就知道宅在家里，带你出去玩还不愿意。”**
- **“你这次不去，以后出去玩就都不带你了。”**
- **“你不想出去玩算了，我们去。”**
- **“你不出去玩是不是想待在家里看电视？”**
- **“带你出去玩是为了你好，你还不愿意。”**

当孩子拒绝家长的出游邀请时，家长不要着急批评或恶意揣测孩子，应该耐心地和孩子沟通。下面是给家长的话术建议：

- **“你为什么不想出去玩呢？爸爸 / 妈妈想知道你内心真实的想法。”**
- **“我们今天打算去动物园呢，那里有很多可爱的动物，你真的不想去吗？”**
- **“如果你真的不想去，爸爸 / 妈妈也不勉强你，我们下次再一起去吧。”**
- **“多出去走走可以遇见许多有趣的人，经历很多有趣的事情，还有很多美食呢。听完这些你改变想法了吗？现在还来得及哟。”**

场景 02 什么都想买

孩子在看到喜欢的东西，而家长不愿意给买的时候经常会哭闹。家长见孩子在人多的地方撒泼打滚，容易情绪激动，瞬间血压上升，说一些不合适的话：

- **“家里玩具都堆成山了，还要买？”**
- **“就知道买买买，你以为赚钱很容易吗？”**
- **“你怎么总是这样，看见喜欢的东西就一定要买。”**
- **“买吧，买吧！以后就别想我带你出来玩了。”**
- **“我没钱，赶紧走，不走的话我就留你一个人在这里，不管你了。”**

家长和孩子说不要浪费、赚钱不容易，孩子其实并不能真正理解其中的含义。家长的威胁、怒火可能会使孩子哭闹得更厉害。为了让孩子停止哭闹，家长可以这么说：

- **“你和爸爸 / 妈妈说说，你为什么这么想买这个东西呢？”**
- **“我们是不是商量好了的，这次只可以买一个玩具？刚刚我们已经买了一个了，现在这个我们只能等下次再买。”**
- **“爸爸 / 妈妈就在这边等你，但是爸爸 / 妈妈不会因为你哭闹而给你买这个东西。等你冷静下来了我们再说。”**
- **“只要是合理的要求，爸爸妈妈都会尽量满足你，但是这个东西家里已经有了，对吗？”**

场景 03 出游时闹脾气

出门游玩是一件既开心又疲惫的事，带着孩子一起出游会使旅途增加难度。当孩子在出游时大哭大闹，家长也很难控制住自己，说些冲动的话：

- “你别哭了，大家都在看我们呢。”
- “每次出来玩都要闹，以后再也不带你出来玩了。”
- “你看别的小朋友都玩得好好的，就你一个人在发脾气。”
- “我都要累死了，你还在这里闹，你到底想干吗？”
- “你现在立马给我停下来，不准再哭闹了。”

其实，家长当着外人的面批评孩子，会让孩子觉得难为情。家长应该尽快让孩子冷静下来，和孩子进行沟通。下面是给家长的话术建议：

- **“你是累了吗？要不我们在这里休息一会儿？”**
- **“在公共场合大声哭闹会影响到别人。你有什么事可以和爸爸 / 妈妈说。”**
- **“你哭得很伤心，爸爸 / 妈妈听了也很难过。你可以和我说说你为什么哭吗？”**
- **“看见你在这里生闷气，爸爸 / 妈妈也猜不到你心里的想法。你愿意和爸爸 / 妈妈说说吗？我们一起想办法来解决它。”**

场景 04 总是问问题

孩子看到新鲜的事物总是想探究原因而好奇发问。家长被问得多了，或是不知道该如何回答孩子的问题时，会产生不耐烦的情绪，说一些扼杀孩子好奇心的话：

- **“你怎么这么多问题啊？”**
- **“明天去学校问你老师去，我不知道。”**
- **“哪有这么多为什么？别问了。”**
- **“你要是想知道答案，自己思考去，别在这儿问我。”**
- **“你能不能安静地欣赏会儿风景，不要一直问个不停。”**

好奇心能促使孩子不断去探索新事物，也可以成为孩子学习道路上的动力，家长不应扼杀孩子的好奇心和求知欲。下面是给家长的话术建议：

- **“你这个问题问得很好，你觉得答案是什么呢？”**
- **“你觉得我们怎么样才能找到这个问题的答案呢？”**
- **“爸爸 / 妈妈也不知道这个问题的答案呢，我们一起来探究一下吧。”**
- **“爸爸 / 妈妈都没有想到这一点，你真是个爱思考的好孩子。”**
- **“我以前没有想过这个问题，是什么让你对这个问题感兴趣的呢？”**

场景 05 玩得不想回家

孩子玩得不想回家，家长几次三番催促孩子回家，孩子还是自顾自地玩，丝毫不理会家长着急的心情。这时候家长可能会说一些伤害孩子的话：

- **“玩了这么久还没玩够啊？你现在立马和我回家。”**
- **“要玩你自己一个人在这里玩，我们回去了。”**
- **“你再不回去我要生气了啊。”**
- **“这事由不得你，你不想回也得回！”**
- **“你再不听话，以后就不带你出来玩了。”**

以恰当的话术和孩子沟通，可以给这个愉快的旅途画上圆满的句号。家长应该理解孩子因为玩得太开心而不愿意回家的心情。下面是给家长的话术建议：

- “我们出来玩之前约好了，今天是回家的时间，你还记得吗？”
- “这个地方是很有意思呢，爸爸 / 妈妈再给你五分钟的时间，和这个地方告个别，好吗？”
- “要回家喽，你是自己收拾东西，还是爸爸 / 妈妈和你一起收拾呀？”
- “你是舍不得这个地方吗？但是我们只有三天假期，今天已经是最后一天了。你要是喜欢这个地方，我们下次再来玩，好吗？”

划重点

遇事先耐心倾听，给双方的情绪降降温。学会倾听，沟通才有可能。真正的倾听是要放下对孩子的成见，注意观察孩子的表情和动作，体察孩子的情绪。

以朋友的姿态和孩子沟通。家长和孩子成为朋友，是亲子关系中最好的状态。不以掌控孩子为目的，尊重孩子的想法和选择，像朋友一样陪伴在孩子身边，并在适当的时候提供帮助。

家长做好榜样，好过一味说教。“家庭是人生的第一个课堂，父母是孩子的第一任老师。”想要优秀的孩子，首先要做优秀的家长。

减少批评，多发现孩子的长处。家长要善于发现孩子的闪光点，并据此帮助孩子改正不足之处。多鼓励孩子，提升孩子的自信心，让孩子不畏困难，爱上挑战。

帮助孩子学会换位思考，提高情商，增强共情能力，从而具备较好的社交能力。同时，事事多引导孩子想一想：如果换作是我，我会有什么感受呢？